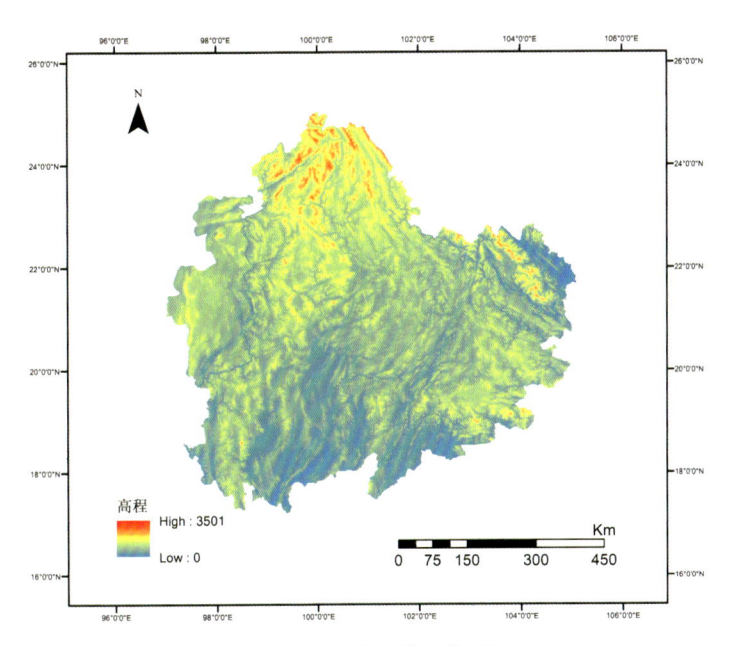

彩图1　研究区地理位置

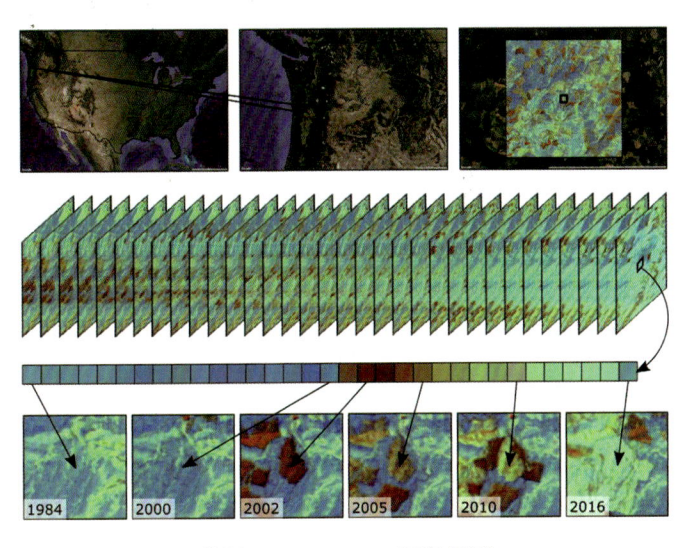

彩图2　LandTrendr运行原理

（图片来自LandTrendr用户指南，图中是以西北太平洋某区域的土地利用变化为例，能够清晰地看见该地区土地利用变化经历了一个相对稳定的时期，植被急剧变化时期以及最后的恢复期）

彩图3　处于不同阶段的迁移农业区

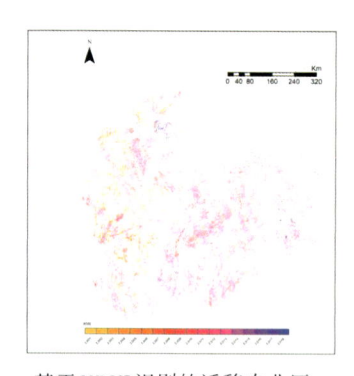

a. 基于NDVI识别的迁移农业区 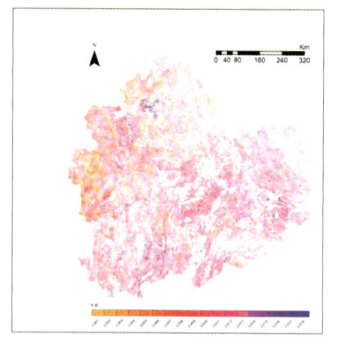　　b. 基于NBR识别的迁移农业区

彩图4　迁移农业区空间分布及其发生时间

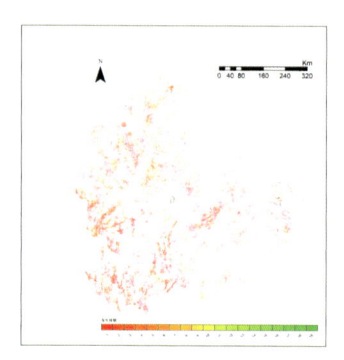

彩图5　基于NBR识别的迁移农业区恢复周期 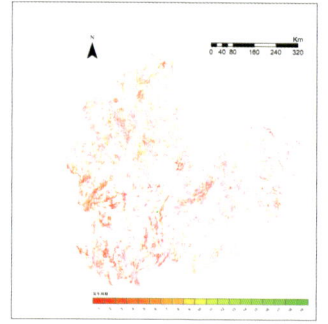　彩图6　基于NDVI识别的迁移农业区恢复周期

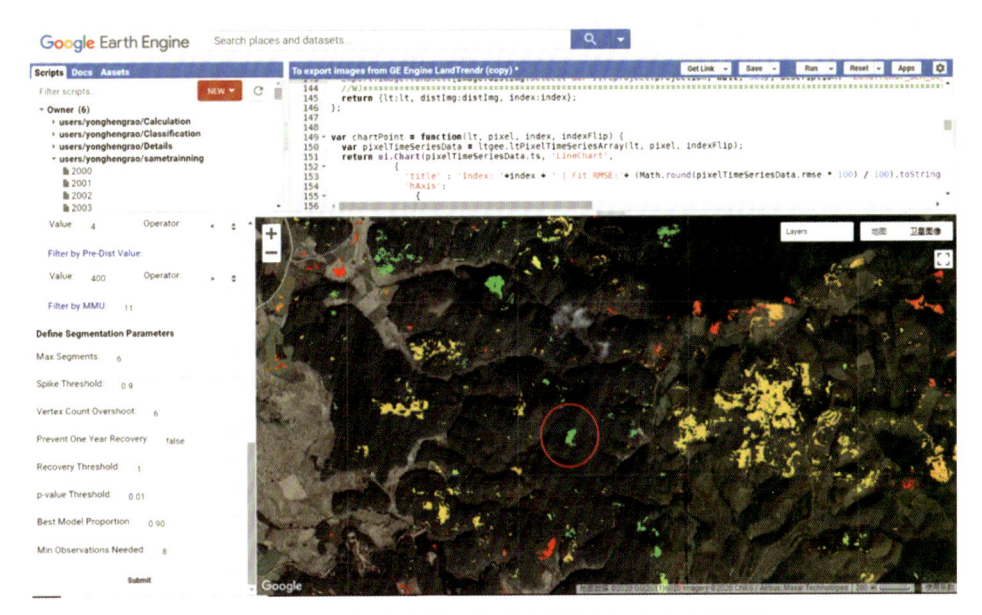

彩图7　2018年土地利用类型为园地的迁移农业识别区

彩图8　2018年土地利用类型为耕地的迁移农业识别区

a.100<NBR<200

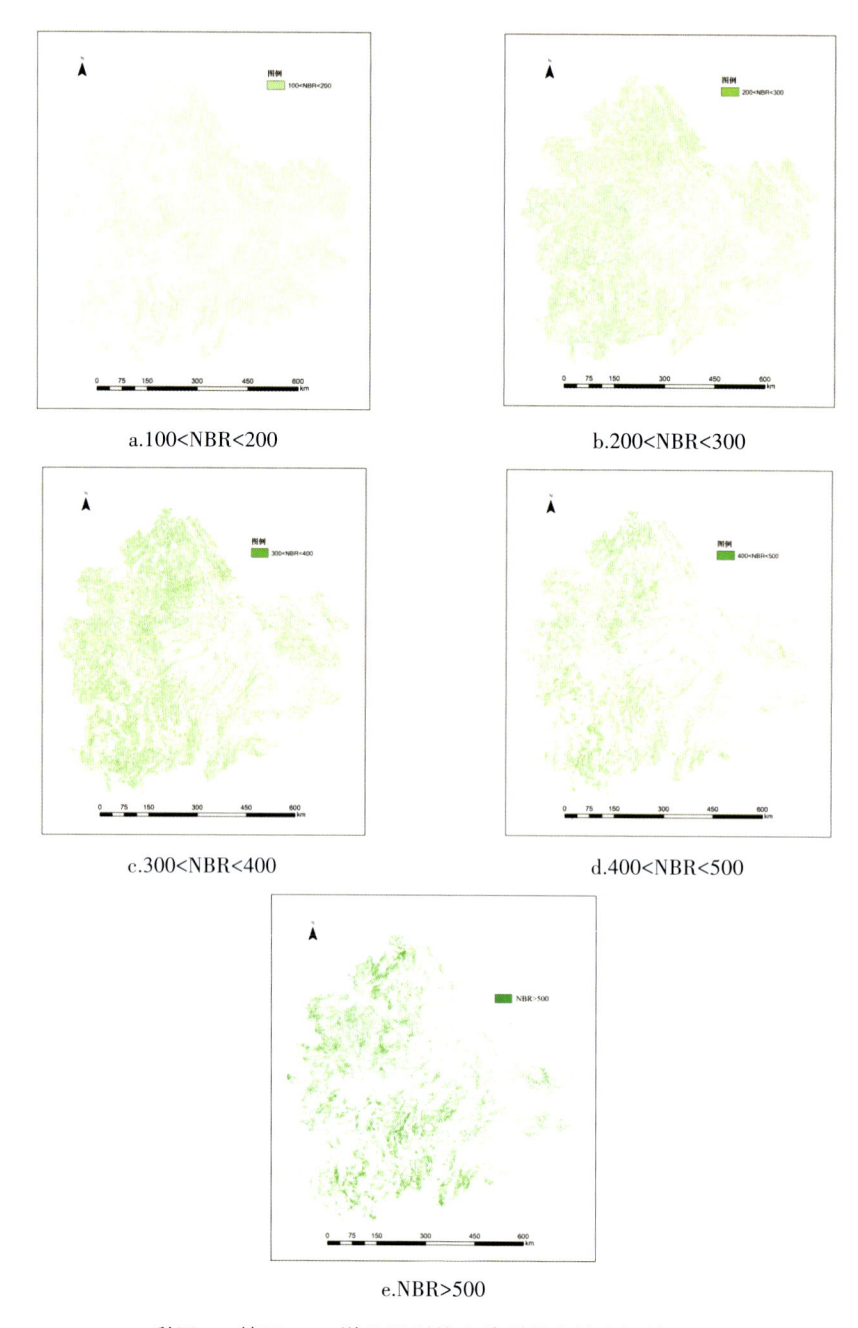

b.200<NBR<300

c.300<NBR<400

d.400<NBR<500

e.NBR>500

彩图9　基于NBR增量识别的土地利用斑块空间特征图

a.100<NBR<200

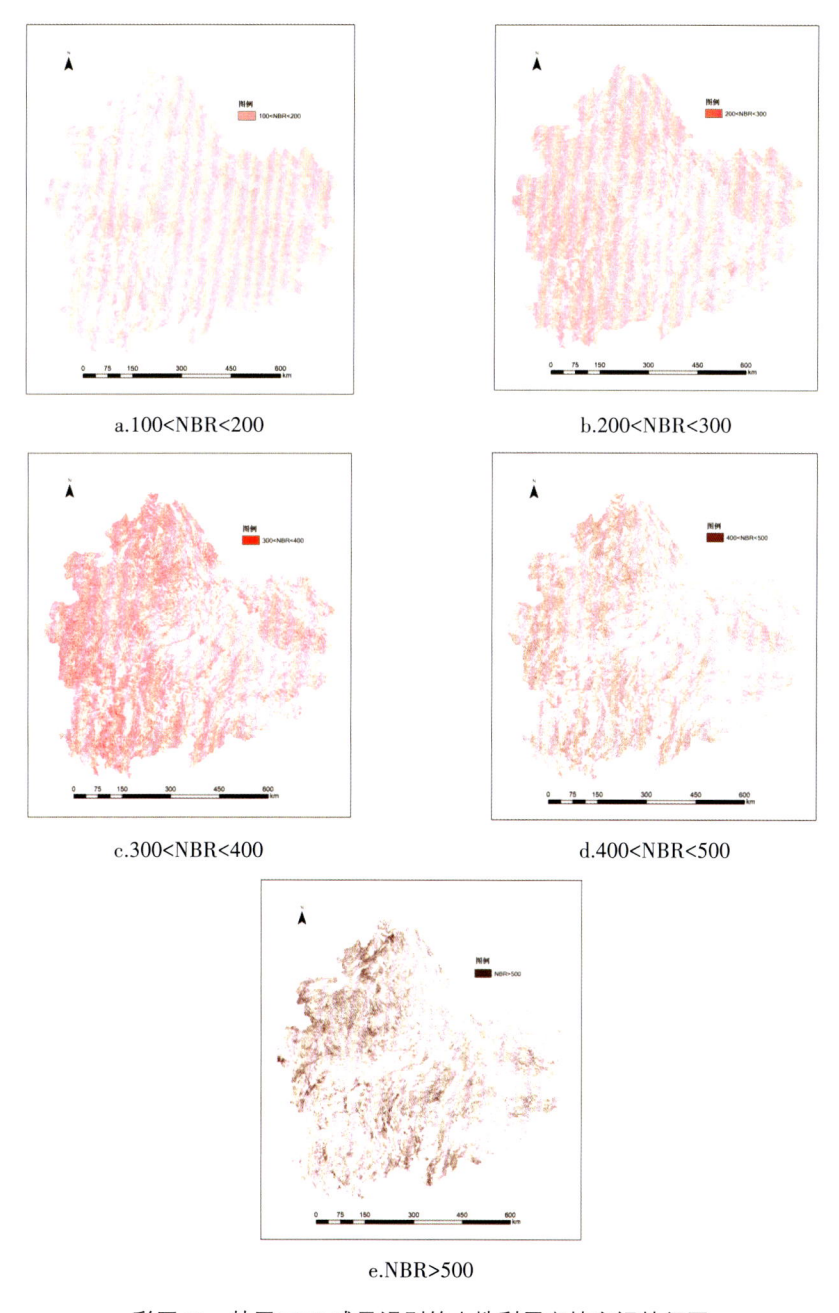

b.200<NBR<300

c.300<NBR<400

d.400<NBR<500

e.NBR>500

彩图10　基于NBR减量识别的土地利用斑块空间特征图

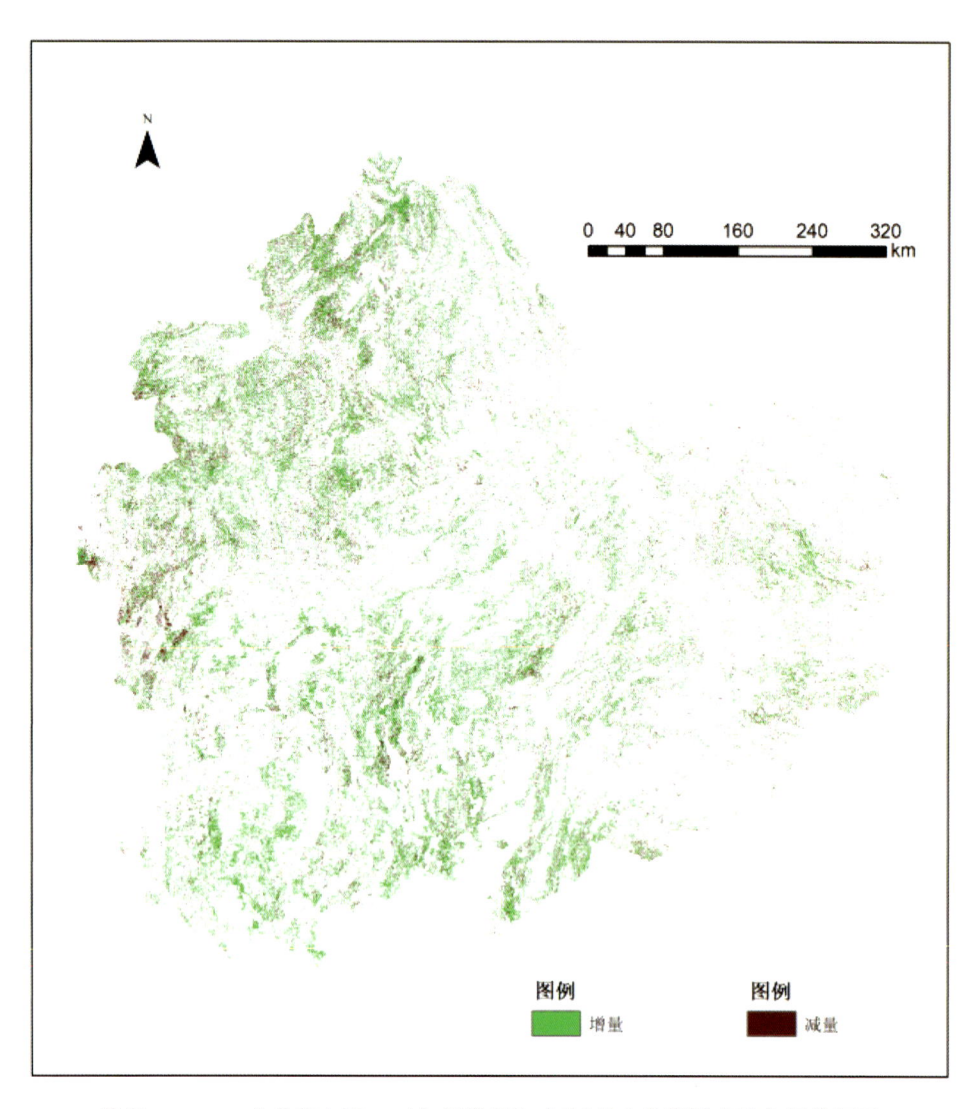

彩图11　NBR变化值大于500(包括增量和减量)的土地利用斑块空间特征图

a. 100<NBR<200

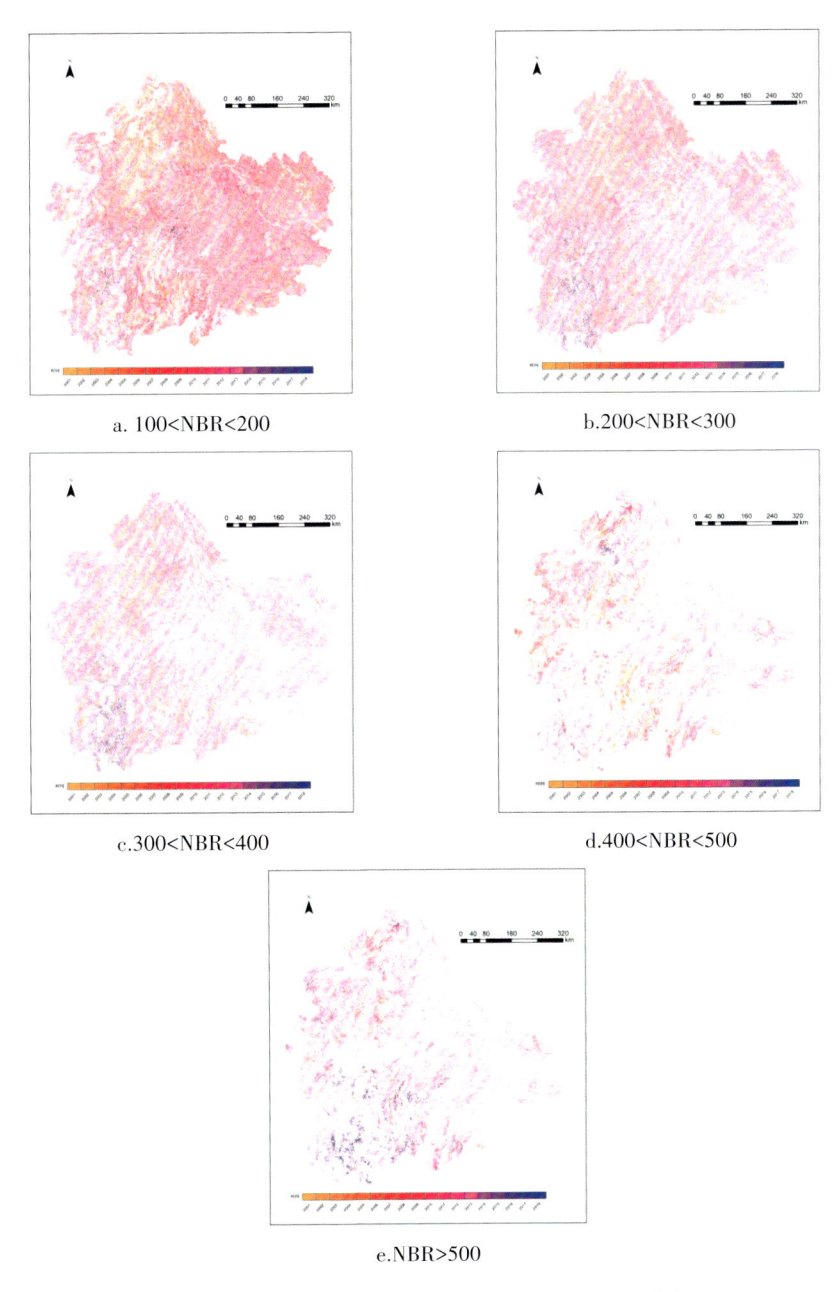

b. 200<NBR<300

c. 300<NBR<400

d. 400<NBR<500

e. NBR>500

彩图12　基于NBR增量的扰动区土地利用变化时期提取

a.100<NBR<200

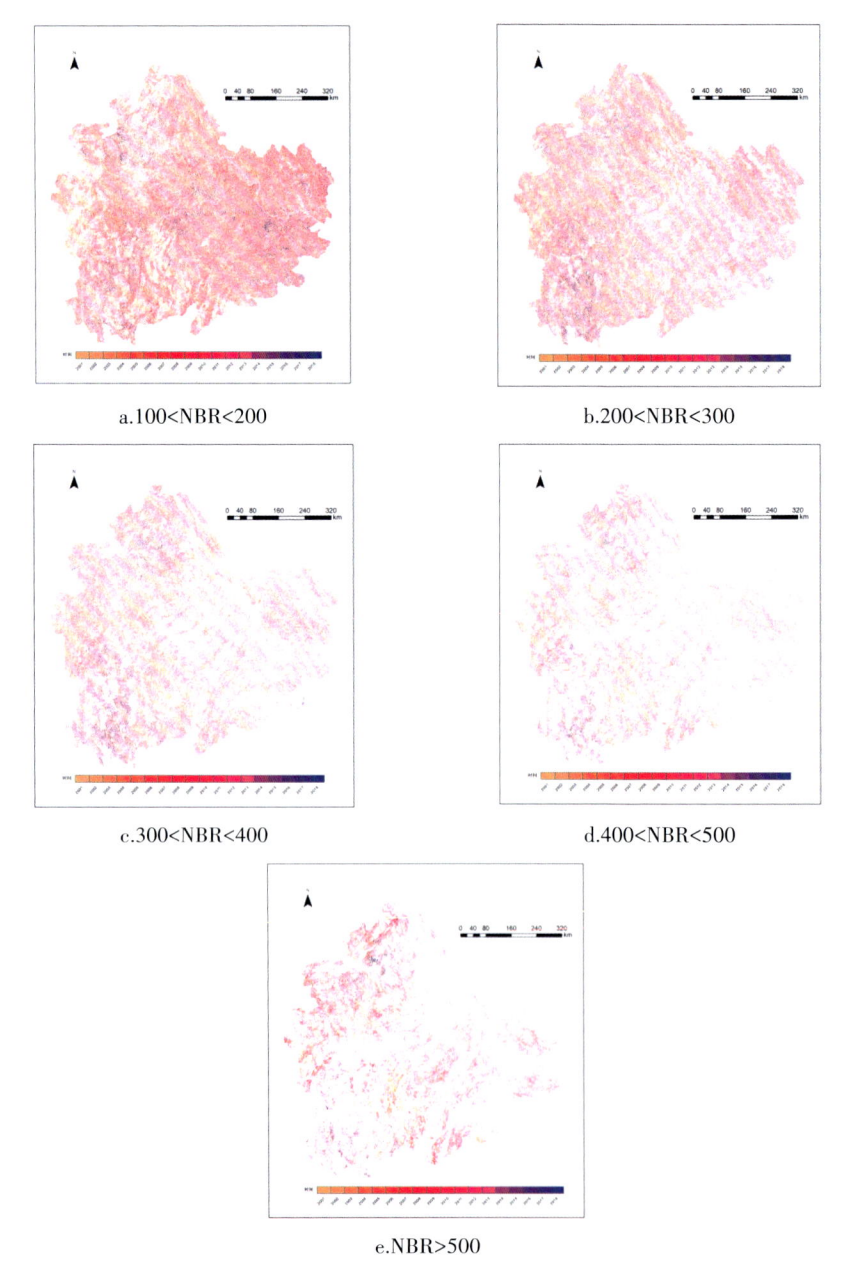

b.200<NBR<300

c.300<NBR<400

d.400<NBR<500

e.NBR>500

彩图13　基于NBR减量的土地覆被变化时期提取

迁移农业对区域土地利用的扰动影响研究

饶永恒 著

西南大学出版社
国家一级出版社 全国百佳图书出版单位

图书在版编目(CIP)数据

迁移农业对区域土地利用的扰动影响研究 / 饶永恒著. — 重庆：西南大学出版社，2022.8
ISBN 978-7-5697-1604-7

Ⅰ.①迁… Ⅱ.①饶… Ⅲ.①农业用地—土地利用—研究—中国 Ⅳ.①F321.1

中国版本图书馆CIP数据核字(2022)第143901号

迁移农业对区域土地利用的扰动影响研究
QIANYI NONGYE DUI QUYU TUDI LIYONG DE RAODONG YINGXIANG YANJIU

饶永恒　著

| 责任编辑：朱春玲 |
| 责任校对：杜珍辉　郑先俐 |
| 装帧设计：闽江文化 |
| 照　　排：王　兴 |
| 出版发行：西南大学出版社（原西南师范大学出版社） |
| 　　　　　网　址：http://www.xdcbs.com |
| 　　　　　地　址：重庆市北碚区天生路2号 |
| 　　　　　邮　编：400715 |
| 经　　销：新华书店 |
| 印　　刷：重庆长虹印务有限公司 |
| 幅面尺寸：170 mm × 240 mm |
| 印　　张：8 |
| 插　　页：6 |
| 字　　数：98千字 |
| 版　　次：2022年8月　第1版 |
| 印　　次：2022年8月　第1次印刷 |
| 书　　号：ISBN 978-7-5697-1604-7 |
| 定　　价：58.00元 |

序言
PREFACE

迁移农业(Shifting Cultivation)作为一种传统的耕作模式，其对周围环境的改变不容忽视。据不完全统计，全球60多个国家的300万—500万人依然采用这种传统的耕作模式，且全球每年约45%的森林退化是由迁移农业或者长期的休耕农业导致的，由此引起的全球气候变化、生态结构和功能改变、景观生态格局失衡、碳源碳汇异常等科学问题已受到国际组织和世界各国的普遍关注。20世纪90年代，《联合国气候变化框架公约》《京都议定书》等条约相继提出，正式开启了迁移农业、森林退化与全球变暖之间关系的研究篇章，尤其是在2005年"减少发展中国家毁林和森林退化所致排放量加上森林可持续管理以及保护和加强森林碳储量"行动框架(REDD+)中，明确强调了监测和评估迁移农业的时空变化以及迁移农业导致森林退化过程中产生的生态环境问题是十分必要的。

既有研究表明，全球迁移农业的发生区域主要集中在拉丁美洲、中非以及东南亚的山地和丘陵地区。尤其是在东南亚山区，日益加剧的迁移农业行为,促使该地区森林退化严重,部分地区每年的森林砍伐率已经由2%上升到5%,与之伴随的是大量的土地转型和作物演替。原本生物多样性丰富、系统功能完善的自然生态系统逐步向作物单一、抗风险能力弱的人工作物系统转变。更为严重的是如果区域土地质量贫瘠、土地资源匮乏,人类就不得不加速迁移农业发生,如此恶性循环,最后导致整个生态平衡被破坏,那么当地居民就只好迁往他处,周而复始。可见,迁移农业地区的生态环境问题,究其主要原因是迁移农业过程对区域土地表面及其周边要素的连带性破坏,其根本原因是系统内承载基质不堪重负。然而,基于迁移农业的土地利用开发关乎当地居民的生存大计,并不能完全杜绝,由其造成的潜在生态风险是无法规避的,只能减缓和有效调控。

因此,开展迁移农业动态变化监测的理论与方法创新性研究,模拟迁移农业对空间要素的响应过程,评估迁移农业发生的驱动因素,是缓解乃至解决迁移农业相关生态环境问题的有力途径。本书正是基于此宏观背景,通过识别区域迁移农业在时间和空间上的变化特征,进而通过开展迁移农业对周边土地利用的分析研究,从时间和空间上探求迁移农业对土地利用变化的扰动机理,结合不同国家的行政限制性条件,分析这种扰动机理在不同国家的表现形式差异。研究跳出了传统的时间断点的研究方式,通过对区域迁移农业和土地利用变化进行逐年期的研究,为区域迁移农业研究提供了一个更为详尽的基础,对了解东南亚迁移农业和土地利用变化,针对性推动区域迁移农业工作合理安排和土地资源管理政策顺利实施,为区域经济、生态、社会可持续发展管理需求提供数据和案例支持。

本书以作者参与的国家自然科学基金项目、中央高校基本科研业务费专项资金项目等项目课题以及博士生毕业论文的部分成果为基础,通过对研究区域进行长期外业调研、数据收集、结果分析、论证评价以及讨论决策凝练而成。全书一共由五章构成,第一章是绪论部分,主要是对研究背景、目的、意义及国内相关研究进展等内容的阐述;第二章是资料来源与基本理论,主要是对研究区基本情况和数据信息进行简单介绍;第三章、第四章是对迁移农业及其对区域土地利用扰动影响的实证分析,基于迁移农业识别及其变化特征,研究迁移农业对区域土地利用扰动的影响;第五章是研究结论与未来展望。

本书的出版得到国家自然科学基金、四川大学引进人才科研启动经费专项基金的资助,在此表示衷心感谢!此外,本书中所引用文献作者的智慧贡献为本书的撰写提供了宝贵的思路和理论借鉴,在此一并感谢!

由于国内外专门针对迁移农业对区域土地利用的扰动影响的实例研究鲜有报道,可借鉴的经验不足,加上作者水平有限,本书存在诸多不足和待商榷之处,希望得到广大专家、学者的评议和指正。

编者
2022年3月于成都

目录

第一章 绪论…001
第一节 问题的提出…003
第二节 研究目的与意义…007
第三节 国内外研究进展…010
第四节 研究目标与内容…020

第二章 资料来源与基本理论…025
第一节 研究区概况…027
第二节 基础数据与资料…034
第三节 相关基础理论与应用…036

第三章 基于GEE的迁移农业区识别及其变化过程研究…041
第一节 研究的具体思路…043
第二节 LandTrendr算法…045
第三节 迁移农业区识别及其变化过程…051
第四节 不同国家迁移农业的差异性特征…057
第五节 基于NDVI和NBR识别的迁移农业区识别效果分析…064

第四章　迁移农业对迁移农业扰动区土地利用的扰动研究…071
　　第一节　研究的具体思路…073
　　第二节　基于NBR识别的迁移农业扰动区空间信息提取…076
　　第三节　基于NBR识别的迁移农业扰动区土地利用变化时期提取…079
　　第四节　基于NBR识别的不同国家迁移农业扰动区空间信息…082
　　第五节　基于NBR识别的不同国家迁移农业扰动区土地利用变化
　　　　　　时期…085
　　第六节　迁移农业对迁移农业扰动区土地利用扰动关系分析…094

第五章　研究结论与展望…099
　　第一节　研究结论与成果…101
　　第二节　研究创新点…105
　　第三节　需要进一步深入研究和解决的问题…106

主要参考文献…108

第一章

绪论

第一节 ▎问题的提出

众所周知,从生态系统中提取自然资源是人类社会的福祉和发展的基础(Popp et al.,2017),但是相关的土地利用也为生态系统带来了负成本。这就决定了土地利用既涉及生态系统也包括社会经济系统,而由其提供的土地相关产品、生态服务价值等都在很大程度上受到人类活动及决策的干预和支配,主要表现为土地利用功能强弱的差异性。几十年前,人们初步认识到地表过程对气候的影响,在全球环境变化的研究议程中,开始出现对土地利用/覆被变化的担忧。到1970年代中期,人们证实土地利用/覆被变化改变了地表反照率,破坏了地表—大气能量交换,对周边区域气候产生影响(Otterman and J.,1974;Sagan et al.,1979)。随着研究的逐步深入,在1980年代初期,对作为碳源和碳汇的陆地生态系统的研究进一步揭示了土地利用/覆被变化通过碳循环影响全球气候的过程(Woodwell et al.,1983)。研究表明,自1850年以来,大约35%的CO_2排放直接来自土地利用(Houghton and Nassikas,2017),如何减少这些碳源和碳汇的不确定性仍然是世界环境保护面临的严峻挑战。

如今，越来越多的研究证实土地利用/覆被变化会引起水循环变化（Kalnay and Cai，2003；Kang et al.，2017）、生物多样性下降（Newbold et al.，2015）、栖息地斑块破碎（Taubert et al.，2018）、地表温度变化（Tran et al.，2017）以及土壤退化（Abdulkareem et al.，2019；Borrelli et al.，2017；Maranguit et al.，2017）等生态环境问题。由此可见，土地利用/覆被变化对生态系统价值和服务影响的范围之广、幅度之大。当然，并不是所有影响都是负面的，许多形式的土地利用/覆被变化与粮食和蔬菜生产、资源利用效率以及财富和福祉的持续增长有关。要了解和预测土地利用变化过程所带来的种种影响，需要进行长期的历史重建，并对区域乃至全球范围的土地覆被变化开展研究（Ramankutty and Foley，1999）。要量化陆地生态系统对全球碳库和通量的贡献，就需要准确绘制土地覆盖图并测量全世界土地覆盖转化（Mcguire et al.，2001）。为了了解土地利用/覆被变化对生物多样性的影响，需要较高分辨率的数据，落实景观破碎化的明确空间数据（Margules and Pressey，2000）。要预测土地利用变化如何影响土地未来退化，以及由此带来的对人类生存条件的反馈，尤其是面对土地利用变化所体现的区域脆弱性因素，则需要对与土地相关动态的人与环境相互作用有很好的了解（Curtis et al.，2018）。基于以上，土地利用变化过程涉及自然科学、人类社会发展的各个方面，世界愈演愈烈的土地利用变化和生物地球化学演替过程正促使着人们开展更为深入、更为细致的土地利用/覆被变化研究，剖析土地利用变化演替过程及机理，缓解人类对土地的需求与环境保护之间的矛盾已迫在眉睫

(Bryan et al.，2018；Gao et al.，2015；Seneviratne et al.，2018)。

迁移农业作为土地利用的一种原始而古老的形式，其对周围环境的影响不容忽视。据不完全统计，全球60多个国家的300万—500万人依然采用这种传统的耕作模式，且每年全球约45%的森林退化是由迁移农业或者长期的休耕农业导致的(FAO，1985)。目前，迁移农业的发生区域主要集中在拉丁美洲、中非以及东南亚的山地和丘陵地区(Van Vliet et al.，2012)，尤其是在东南亚的山区，迁移农业是当地重要的粮食生产体系，且被认为是热带地区森林退化的主要原因之一(Li et al.，2014)。可以说，在应对全球气候变化的大背景下，由传统迁移农业造成的森林砍伐和森林退化对全球碳汇产生的巨大影响已经引起了国际社会的广泛关注(Morton et al.，2009；Ziegler et al.，2012)。1992年的《联合国气候变化框架公约》和1997年的《京都议定书》激励了各界对迁移农业、森林退化与全球变暖之间关系的研究。2005年，"减少发展中国家毁林和森林退化所致排放量加上森林可持续管理以及保护和加强森林碳储量"行动框架(REDD+)明确指出监测和评估迁移农业的时空变化以及迁移农业导致森林退化过程中产生的碳排放是十分必要的(Mertz，2009)。如今，48个存在传统迁移农业模式的国家已经成为此行动框架的伙伴国家。在2011年德班世界气候变化大会和2012年多哈世界气候变化大会之后，联合国为非洲、亚太地区、拉丁美洲和加勒比地区的国家因地制宜地实施REDD+计划提供了宝贵支持。

在过去的几十年中，东南亚地区由于其地理条件的独特性和土地利用变化的特征性逐步成为国内外研究土地利用变化的热点区域。区域内日益加剧的迁移农业耕作，包括向永久性农田、新地区迁移等，促使该地区出现了大量的森林砍伐现象，部分地区每年的森林砍伐率已经由2%上升到5%（Potapov et al.，2017）。大量土地转型，从树木、灌木和草的原生物种向经济作物如茶、木薯、橡胶等其他作物转变（Fox et al.，2012），这种转型与当地的贸易市场需求密切相关。而随着区域基本地理条件日益限制农业扩张和作物产值，预计未来也将进一步刺激土地利用变化（D'Amour et al.，2017；Friis and Nielsen，2016；Vijay et al.，2016）。这也就意味着当地土地景观极容易发生快速变化，并对周边环境造成影响。这一系列过程的详细研究，不仅直接关系到人与环境的相互作用，还赋予了研究、识别和理解其变化及动因的机会。

本书将以中越老泰缅交界区为例，识别区域迁移农业在时间和空间上的变化特征，进而通过开展迁移农业对周边土地利用的分析研究，从时间和空间上探求迁移农业对土地利用变化的扰动机理，结合不同国家的行政限制性条件，分析这种扰动机理在不同国家的表现形式差异。研究跳出了传统时间断点的研究方式，通过对区域迁移农业和土地利用变化进行逐年期的研究，为区域迁移农业研究提供了一个更为详尽的基础。本书的研究和分析，对了解东南亚迁移农业和土地利用变化，区域乃至全球土地利用和生态保护都具有重要的现实意义。

第二节 ‖ 研究目的与意义

一、研究目的

迁移农业作为热带地区传统且普遍的一种土地利用形式,其与土地利用变化的关系密切,在很大程度上干扰着区域土地利用变化的发展趋势。而土地利用及其变化被认为是全球变化的主要决定因素之一,能够对生态系统、气候变化和人类脆弱性产生重大影响,关系着人类福祉和区域可持续发展。因此,本书拟在迁移农业识别的基础上,通过对周边土地利用的影响作用分析,从时间和空间上探求迁移农业对土地利用变化的扰动机理,为了解区域土地利用变化提供实证依据与理论基础。

二、研究意义

本书以土地科学为基础,结合空间分析、遥感技术等技术手段,立足全球土地利用变化的现状,构建迁移农业与土地利用变化研究的理论框架,探索迁移农业对土地利用变化的影响作用,并以条件要素多样、土地变化频繁的中国、越南、老挝、泰国、缅甸交界区为例,分析迁移农业发生过程,揭示由迁移农业带来的土地利用变化。通过归纳阐释迁移农业在中越老泰缅交界区的扰动特征,为跨区域土地利用管理提供差异性对策建议,其研究结果对全球迁移农业研究和发展具有一定的理论和现实意义。

1. 丰富和拓展了迁移农业的研究体系

迁移农业作为土地变化科学的重要内容,由其带来的土地和生态系统的变化及其对全球环境变化和可持续性的影响是目前人类环境科学面临的主要问题之一。为了充分理解迁移农业在土地系统内的相互作用,相关研究融入了跨学科的方法,包括遥感技术、景观生态学、社会经济学、综合评估等。研究以迁移农业为切入点,分析了区域内迁移农业区、迁移农业扰动区的特征,定性和定量地揭示了区域土地利用变化本质,可为迁移农业研究提供新的研究视角和思路,有助于进一步丰富和拓展迁移农业的研究内容。

2. 为土地资源管理决策制订提供参考依据

在新时期、新背景下,全球土地管理的主要任务是有效保护土地资源,提高土地资源节约集约利用水平,加强土地生态保护;主要目标是不断提高土地利用生态、经济、社会效益,使有限土地能够持续地满足人类日益增长的需求,确保土地资源可持续利用。在识别了迁移农业区的基础上，分类讨论了迁移农业在不同国家和地区对土地利用变化的影响规律，研究结果有助于了解不同国家、地区的土地利用变化对迁移农业的响应程度，能够有利于把握区域社会环境、地理条件等对土地空间格局产生的积极与消极影响，为土地管理政策的制订提供参考依据。

第三节 ‖ 国内外研究进展

一、土地利用/覆被变化的研究进展

土地是地表某一地段包括地质、地貌、气候、水文、土壤、植被等多种自然要素在内的自然综合体。土地资源不仅是重要的生产要素,提供人类生存不可或缺的食物和纤维,也是人类活动的关键性资源,提供诸如居住、经济保障等生活功能,同时还具备土壤、水文、气候、植被等生态环境特征。土地利用实质上是人类对地球表面的改造行为,以满足人类生存和发展需求为主要目标。而土地利用变化,就土地自身而言,是随着日月更替而一直发生的过程,客观上它不以人类意识为转移;但在实际发生过程中,却很大程度上受到人类活动影响而得到加强。从古至今,"人地矛盾"就是一直存在的问题,无论采用何种土地利用方式,势必会促使土地发生变化。因此,在实际研究中,人们所指的土地利用变化,一般指土地由于受人类利用和管理的影响而产生的土地覆被变化。

在土地利用/覆被变化的研究上,国外进行得比较早,因此发展比较成熟。早期的研究内容主要是对不同利用类型的土地进行分类整理以画出土地利用图册,调查活动主要在野外进行(罗湘华和倪晋仁,2000)。1992年,联合国在《21世纪议程》中明确提出,将加强土地利用/土地覆被变化研究作为21世纪工作的重点。1994年,联合国环境署(UNEP)启动了土地覆被的评价与模拟项目(LCAM)。1995年,因为自然和人文交互影响,迫使"国际地圈生物圈计划"(IGBP)和"国际全球环境变化人文因素计划"(IHDP)联合提出"土地利用/覆被变化"(LUCC)研究计划,并确定了世界科学家们,特别是自然科学家关于土地利用变化的两个主要研究方向:一是对土地利用变化的特征揭示及原因阐释,二是构建土地利用变化模型,服务于全球和区域土地利用相关研究。通过模型证实和量化土地利用/土地覆被与驱动力的相关关系,实现对全球或区域土地利用/土地覆被未来趋势的预测。这个计划在很大程度上推动和促进了土地利用变化相关研究的进程,是土地利用研究至今余温不散的重要因素之一。在该计划的推动下,近年来全球范围的土地利用与土地覆盖项目产品包括但不限于国际地圈生物圈计划的全球土地覆盖数据(IGBP DISCover)、美国马里兰大学地理系土地覆盖数据(UMD LandCover)、欧空局全球陆地覆盖数据(GlobCover2009)和中国的30米全球地表覆盖数据(GlobeLand30)等,很好地扩充和完善了学科领域内容。此后,IGBP和IHDP又再次强调三个研究重点,包括土地利用变化机制案例比较研究、土地覆被变化机制直接观测和诊断模型研究、区域和全球模型整合评价,并据此提出了一系列的任务(Turner et al., 1996)。

目前,针对土地利用变化的研究,主要包括土地利用变化规律的研究、土地利用变化驱动力的研究、土地利用变化影响的研究三个方面。针对土地利用变化规律的研究,集中在土地利用的调查与监测(陈玲等)、对土地利用的结果所造成的可持续性与集约性进行相应的评估(陈士银等)、土地利用的规划与设计(郑新奇等,2005)、土地利用的变化与机制(陈万旭等,2019)等方面。而土地驱动力变化的研究其本质是土地所有者或使用者对于不同土地利用类型之间边际效益的比较结果。人们对土地产出的需求发生变化,导致土地利用发生变化。尤其随着科技的进步,以往以自然作用为主的土地利用/覆被变化正逐渐被人类活动所主导,现如今,无论从变化的速度、变化的广度还是从变化的数量级上来看,人类对地球陆地表面的改造都达到了史无前例的水平。对土地利用变化影响的研究涉及范围更为广泛和复杂,尤其是对全球生态环境的影响,在"绿水青山就是金山银山"的时代主题下更为突出。土地利用变化的环境效应主要体现在两方面:一方面土地利用变化通过影响气候(Hui et al., 2018)、生物地球化学循环(Verchot et al., 2000)、土壤质量(Abdulkareem et al., 2019; Borrelli et al., 2017; Maranguit et al., 2017)、区域水循环(Kalnay and Cai, 2003)(Kang et al., 2017)等要素对自然环境产生深刻的影响;另一方面土地利用变化可造成生态系统的生物多样性(Newbold et al., 2015)、物质循环与能量流动(Tran et al., 2017)以及景观结构的巨大变化(Newbold et al.,2015;Taubert et al.,2018),使得生态系统的结构和功能均发生改变。由于土地利用变化引起的环境效应具有复杂性和累积性,是时空耦合的动态变化系统过程,涉及自然、社会的诸多方面,使得研究困难较大,因此对环境效应过程与机理的研究较少,多为针对某一环境要素(如景观格局变化)或某些指标的影响而展开。就生态服务而言,土地利用变化产生的影响主要表现在:不同的土地利用类型产生的主要生态系统服务有所差异;土地利用格局变化对生态系统服务有着显著影响;土地利用强度不同对生态服务产生的影响不同(傅伯杰和张立伟,2014)。

二、迁移农业的研究进展

迁移农业,作为土地利用变化的一种表现形式,也称刀耕火种农业,是热带地区传统而普遍的农耕方式,其主要包括森林清除、农作物种植和土地休耕三个阶段,是一个复杂的农林复合系统(Kleinman et al.,1995)。根据现有文献资料,迁移农业的研究起始于20世纪30年代(Flemmich,1940)。到了20世纪50年代,迁移农业开始被社会科学和自然科学领域关注(Conklin and C.,1954;Dumond,1961)。20世纪70—80年代,迁移农业逐渐成为学术界议论的焦点话题,全球迁移农业的研究渗透到生态学(Harris,1971)、野外实验、栽植技术、耕作体系、与经济—社会—文化—政治的复合关系、人类可持续发展(Russell,1988)等多个领域。20世纪90年代以来,迁移农业弊大于利的观点在学术界达成广泛共识(Brady,1996),且有学者提出了多种替代迁移农业的耕作模式(Bouahom,1994)。但目前,替代迁移农业的耕作模式没有得到广泛推广,多数地区的农业生产依然采取最传统的轮耕模式。在应对全球气候变化的大背景下,传统迁移农业带来的生态环境问题已经逐步引起国内外专家学者的广泛关注(Inoue et al.,2010)。

国际上关于迁移农业方面的具体研究开展于20世纪初期,目前迁移农业研究的焦点问题集中在迁移农业的名词定义、迁移农业利弊的探讨、遥感技术在迁移农业研究中的应用等诸多方面。

针对迁移农业的名词定义,国际上并不统一,主要有"Swidden Agriculture"、"Slash and Burn Farming"和"Shifting Cultivation"三种主流的名词提法(Mertz et al.,2009),且这三种提法在国际上均存在争议(Rambo,2010)。综合已有的研究来看,三种提法既有区别又有联系。"Swidden Agriculture"和"Slash and Burn Farming"的内涵相似,突出的是一种传统的耕作文化(Therik,1999),"Swidden Agriculture"包含砍烧阶段(Slash and Burn)和耕作阶段(Farming)。"Shifting Cultivation"在农业活动中的应用更加广泛,偏向于对土地利用系统变化的科学表征,它往往泛指从农业种植到休耕的整个过程(Van Noordwijk et al.,2008)。此外,是否存在火烧是区别"Swidden Agriculture"和"Shifting Cultivation"内涵的重要判定标准。"Swidden Agriculture"关注的重点是刀耕火种的农业模式,而"Shifting Cultivation"过程中植被覆盖变化的方式不一定是火烧(Mertz et al.,2009)。因此,"Shifting Cultivation"的内涵范围比"Swidden Agriculture"和

"Slash and Burn Farming"更大，"Shifting Cultivation"的内涵包含了后两者的内涵(Van Vliet et al., 2013)。

而针对迁移农业利弊的研究主要聚焦在生态环境、经济发展等相悖因素的综合考虑上。主张摒弃迁移农业的学者认为，迁移农业危害很多且不可持续(Rossi et al., 2010)。在迁移农业过程中，森林的砍伐和焚烧会造成森林退化(Tinker et al., 1996)、大量营养物质流失(Roder et al., 1997)、土壤生物群落丧失(Alegre and Cassel, 1996)、大气污染和重金属污染等诸多问题(Béliveau et al., 2009)。随着人口的快速扩张，迁移农业的休耕期越来越短，次生林缺乏良好的生长环境，森林固碳能力大幅度下降(Chidumayo, 1987)。此外，新时代背景下的经济、生态、文化、政治等因素都是导致迁移农业消亡的重要因素(Myllyntaus et al., 2002)。经济的发展带来了城市的快速扩张以及更多的就业机会，而从事传统迁移农业生产的农民会越来越少。交通路网的快速建设加强了山区少数民族进入市场的能力(Chi et al., 2013)，进而改变了农民对传统农耕模式的态度，以市场为导向的农耕模式逐渐向山区少数民族普及，集约化农业得到发展，例如东南亚地区发展的橡胶和油棕规模化种植园(Jakobsen et al., 2007)。而主张保留迁移农业的学者认为，迁移农业作为最为原始的耕作模式，在人类漫长的发展历程中依然存在，就必然有它存在的价值(Dressler and Pulhin, 2010)。部分学者指出，虽然全球迁移农业的面积正在减少，但全球很多热带地区依然普遍存在迁移农业模式，且这种农业模式依然呈现蓬勃的发展态势(Fox and Vogler, 2005)。例如，菲律宾的巴拉望岛,在政策法律上,尽管提出了要遏制迁移农业的扩张,但是当地农民依然认为迁移农业是一套完备的耕作体系,能够更加便捷地开展生产活动。迁移农业存留下来的主要原因是贫困问题(William et al.,2005)。东南亚山区的农民普遍处于闭塞、封闭的环境,多数农民仍然靠传统的迁移农业来维持生计。有学者指出,迁移农业可以解决偏远山区农民的粮食安全问题,同时也可以有效抵御来自市场经济的波动(Sulistyawati et al.,2005)。此外,部分学者认为在东南亚山区开展传统的迁移农业比许多"现代"农业模式在经济、生态环境上更具可持续性(Vien et al.,2009)。

从迁移农业的研究手段来看,早期(20世纪50—60年代)迁移农业的研究多为定性研究或者实地研究(Inoue,2000)。至20世纪70年代,遥感技术的发展为迁移农业空间动态监测提供了技术手段(Geist and Lambin,2001)。迁移农业系统的多样性、复杂性和动态性导致利用遥感影像对其进行空间监测具有很大的挑战(Hurni et al.,2013)。遥感技术在森林火灾监测中的应用极大地推动了迁移农业的监测研究。通过监测发生火灾的区域以及区域内长时间序列土地覆被的变化(Fujiki et al.,2016),能较为准确地识别出迁移农业的空间范围以及迁移农业的生产活动周期(Vadrevu and Justice,2011)。随着卫星遥感技术的进步,多种遥感数据可以对迁移农业进行时空动态监测,包括Landsat,MODIS以及合成孔径雷达(SAR)数据。其中,MODIS数据注重8至16天的时间序列分析,常用于森林火灾的监测,但由于其分辨率较低,难以用于监测迁移农业的整个活动周期(Xiao et al., 2011)。Landsat数据是迁移农业动态监测中最常用的遥感影像(Li and Feng, 2016; Shimizu et al., 2018),它具备开源性、时间连续性、中等分辨率(光学波段30m)等优势,可以较好地识别出开展迁移农业的地块,适用于中微观尺度的研究(Fuller, 2006)。SAR数据的优势是受云量的干扰较少,但数据往往无法开源获取(Bourgeau-Chavez et al., 2002)。就具体的监测方法而言,光谱特征监测法(SILVA et al., 2004)、物候特征监测法(Epting et al., 2005; Rogan and Yool, 2001)、统计模型监测法(Bigler et al., 2005)以及景观生态学监测法(Cornelia et al., 2012)是目前监测迁移农业时空动态变化的主要方法。

相较于国外迁移农业的进程研究,我国针对这方面的研究十分薄弱。多数国内研究停留在基于生态学的实地调查和监测分析(卢俊培和曾庆波,1981),以及迁移农业对社会经济和生态影响的定性分析(廖国强,2001;许建初,2000;张联敏等,2001),鲜有学者从定量的角度研究迁移农业的空间范围及其时空变化特征。实地调查分析主要研究迁移农业区的土壤养分状况(沙丽清等,1998;张萍,1996)、生物多样性(施济普,2001)、生物群落结构变化(杨效东,2001)和次生林恢复状况(丁易和臧润国,2011;唐建维等,1998)等。

综上所述,随着迁移农业暴露出来的负面影响,各界对迁移农业的认知和重视都在逐步加深。虽然目前迁移农业的定义存在差异,但不同提法之间存在紧密联系。迁移农业的利弊及其对社会、经济、生态的影响在学术界一直存在很大争议,如何因地制宜看待迁移农业是广大学者应该思考的问题。遥感技术是研究迁移农业的重要科学工具。虽然已有学者利用遥感技术开展对迁移农业的时空监测,但其精确性、系统性、应用性都还有待提升。如何利用遥感技术准确监测迁移农业系统不同阶段的土地利用变化情况,定量研究农业利用频率、休耕周期等利用强度问题以及次生林的培育和恢复问题,都将成为自然科学领域的研究重点。

三、国内外研究进展评述

迁移农业作为土地利用变化研究的一部分,其发展历程是复杂而曲折的。随着科研技术手段的提升,针对迁移农业的研究亦逐步多元化。国内外研究进展大致分为3个阶段:(1)概念明晰阶段。由于迁移农业并非广泛分布于世界各地,其更多的是存在于热带地区,早期专家学者们对其认定不同。经历该阶段的发展,迁移农业概念得到了初步推广。(2)干扰揭示阶段。在既往研究的基础上,学者们逐步意识到迁移农业的复杂性和综合性,通过理论推理、实践认知去探求迁移农业对生态、生产、生活的干扰效应。经过该阶段的发展,人们对迁移农业的认知有了进一步提升,迁移农业研究的广度和深度得到了质的飞跃。(3)技术提升阶段。该阶段发展主要依托进步的科学技术,不论是计算机技术、遥感技术,还是无人机技术,都推动着迁移农业的基础研究向更广尺度、更大深度的方向发展。对迁移农业的变化过程的识别、监测和模拟,极大丰富和完善了迁移农业研究内容。该阶段是迁移农业发展的黄金阶段,也是目前正在经历的阶段。

纵观迁移农业研究历程,其发展周期并不长,内容相对较少。随着迁移农业研究的深入,各类科学问题仍待探究,当前与迁移农业变化相关的研究领域仍存在以下不足之处:

(1)迁移农业作为土地利用变化研究的一部分,目前相关研究更多地聚焦于迁移农业本身,但土地利用是系统和完整的综合过程,针对迁移农业单项问题的研究,容易忽视迁移农业的发散效应。

(2)迁移农业演变机制揭示不明确。多数迁移农业研究倾向实时监测,分析其面积变化趋势,以揭示迁移农业的发展趋势和走向,但对迁移农业过程的具体演替机制和机理揭示不足。

(3)迁移农业发生驱动力不明晰。迁移农业是一个复杂的问题,需要考虑的区域性因素较多,但是如果缺乏理论指导,对其深层次的驱动力因素揭示不足,在未来土地可持续利用中,很难做到合理调节。

第四节 ‖ 研究目标与内容

一、研究目标

本书将以中越老泰缅交界区为例,在识别区域迁移农业时间和空间特征的基础上,分析迁移农业对区域其他土地利用的扰动情况,识别迁移农业扰动区,进而分析迁移农业对土地利用的扰动作用。整个研究围绕迁移农业展开,以研究区各个国家土地利用状态为分析对象,总的目标设置为"识别迁移农业范围、剖析迁移农业扰动",具体目标如下:

(1)探索一种可靠的迁移农业识别方法,用于实现对区域迁移农业行为的观测和监控,以此分析迁移农业的空间特征、发展趋势,为区域迁移农业行为的调整和管理提供可行的技术手段。

(2)探讨迁移农业与区域土地利用的交互关系。通过区域迁移农业行为的扰动研究,揭示迁移农业对土地利用的影响作用,为区域提供生态、生活、生产协同发展的土地利用方向。

二、研究内容

立足全球土地利用变化的现状,构建土地利用变化研究的理论框架,来探索土地利用变化,是本书研究的核心主题。研究条件要素多样、土地变化频繁的东南亚地区土地利用演变过程,对了解区域土地利用变化特征具有现实意义。基于此,本书的主要研究内容有:

(1)识别迁移农业区范围,揭示迁移农业的空间特征规律。基于Google Earth Engine(GEE,又称谷歌地球引擎)平台,拟合迁移农业区植被覆盖度变化的特征规律,实现迁移农业区识别,在此基础上探讨不同国家的迁移农业区变化特征和过程,以此作为各国家地区未来土地利用指导的理论数据和支撑,服务区域土地利用变化研究。

(2)剖析迁移农业对土地利用变化的扰动作用。以迁移农业识别区为基础,进一步识别区域土地利用变化强扰动区,分析和探讨基于迁移农业的土地利用变化扰动区在时间和空间上与迁移农业的耦合关系。

通过这一系列的分析和研究,能够多方位、多角度对迁移农业进行剖析,全面了解区域迁移农业概况,进而为区域土地利用提供多数据、可视化的土地利用理论基础。同时,研究的思路和方式可为其他地区或区域的不同土地利用干扰因素研究提供一定的借鉴经验,亦能为基于土地利用开展的区域经济发展研究、生态环境保护研究等提供更可靠、更详细的土地数据基础。

三、研究方式与技术路线

迁移农业被认为是热带地区森林退化的主要原因之一,已经逐步成为土地利用学科领域内的热门主题,尤其是大尺度的迁移农业研究,对全球土地利用变化和生态保护具有重要意义。本书以土地学科为基础,结合生态学、景观学、社会经济学等学科相关内容,以GEE平台为工具,建立相关分析模型,对中越老泰缅交界区迁移农业进行了深入剖析和研究。在研究开展的过程中,主要采用以下方法。

1.文献归纳演绎法

通过阅读关于迁移农业、东南亚土地利用变化、东南亚土地保护与利用、土地利用变化与生态环境因素相关作用等方面的文献,演绎概括迁移农业的发展现状和基本研究方法,归纳出迁移农业对土地利用变化扰动影响研究的基本思路及其相关理论。

2.遥感解译法

遥感解译是本书获取基础数据的主要路径。研究所采用的遥感解译方法主要是基于GEE平台进行的大尺度、大数据量的遥感影像解译。

3.空间分析法

空间分析主要是针对土地利用变化的空间特征、空间规律、空间相互作用关系展开,是对基础数据的深入研究,主要是基于GEE和GIS(Geographic Information System 的缩略词,即地理信息系统)开展。地理信息系统的空间处理能力已经毋庸置疑,对于展示研究区不同时期的土地利用变化、空间特征,具有非常直观的对比性和全面性。而GEE平台则是近几年出现的热门的土地利用研究工具,尤其是对大尺度土地利用变化的研究,其高速简洁的运算模式具有较大优势,就空间分析而言,GEE与GIS一样,均能够实现研究结果的空间可视化。

4. 数学模型法

数学模型是针对研究既有条件,从理论上对实际地理环境、空间人文等因素进行剥离,将其抽象化、理论化为一个数字模型。本书所用到的数学模型主要是针对迁移农业及其变化的量化分析,空间分析以及各国研究结果的差异性分析。通过数学模型,使得研究结果更为直接,各要素之间关系更为清晰。

5. 定性与定量分析

定性与定量分析是文章开展研究的基础方法。定性分析主要是针对无法量化的数据,从理论上推动相关要素分析;定量分析主要运用于量化分析,包括变化强度、变化频率等分析。由于迁移农业和土地利用变化的复杂性和系统性,定性与定量相结合的分析方式是必不可少的,这有助于深入剖析区域迁移农业。

6. 对比分析法

对比分析法是针对研究区存在多个国家的情况下运用的一种基础方法。通过对各个国家的迁移农业,土地利用变化强度、频率、集聚效应差异等多个方面进行对比分析,找寻其异同点,归纳演绎各个国家迁移农业和土地利用变化的重要特征,进一步完善相关研究的理论基础。

第二章

资料来源与基本理论

第一节 ‖ 研究区概况

一、地理位置

研究区域地处中南半岛北部,地理位置处于东经96°45′—106°22′,北纬17°16′—25°20′之间,包含缅甸东部、泰国北部、老挝北部、越南西北部和中国云南南部等多个地区(彩图1)。研究区总面积约42.82×10⁴ km²,由于其特殊的地理位置,地区气候多变,高温多雨,生物种类繁多,森林覆盖面积巨大,盛产天然橡胶、锡、稻米、油棕、香料、木材等。迁移农业作为研究区域农业生产的一种主要形式,由此引起的明显土地覆被特征、较快土地覆被变化促使其成为土地学科的热门研究区域。

二、自然条件

研究区域所处地带属典型的热带季风气候。全年高温,年平均气温可达22 ℃。一年分旱、雨两季,大部分地区年降水量为1 500—2 000 mm;

6月到10月盛行来自印度洋的西南风,降水充沛,为雨季;11月到次年5月盛行来自大陆的东北风,天气干燥少雨,为旱季。受地形影响,地区年均降水量差异明显,在有的迎风坡可达5 000 mm,而背风坡不足2 000 mm,个别迎风坡可形成热带雨林景观,少数内部平原和河谷则形成热带草原。

研究区在构造地形上主要为比较活跃的新褶皱山地。地势大致为北高南低,多山地和高原,北部的"掸邦高原"海拔一般为900—1 300 m。其地形和我国西南地区是连续的,主要的地形单元是"横断山脉",这些山脉走向基本一致,相间排列,呈掌状向南展开。加上当地气候湿润,在山川之间多发育有河流,主要河流有自北向南的伊洛瓦底江、怒江(萨尔温江)、湄公河等。森林覆盖面积大,大部分被原始森林覆盖。老挝水利资源丰富,产柚木、花梨等名贵木材,森林覆盖率高,生物物种多样。缅甸2010年森林覆盖率约为41%,盛产檀木、灌木、鸡翅木、铁力木、酸枝木。泰国北部山林资源丰富,森林覆盖面积全国最大,占全域50%左右,也是泰国各大河流的源头。

然而,研究区域内地区在城市化的进程中,由于生产生活所需带来的用地扩张致使森林遭到砍伐,FAO统计数据显示,该地区是世界上森林砍伐率最高的地区之一。森林对于地区自调节气候有着十分重要的作用,林地的破坏使生境系统破碎化,带来森林火灾等自然灾害。

三、社会发展和国民经济

研究区域主要覆盖中国云南南部、老挝北部、缅甸东部、泰国北部和越南西北部。由于不同国家行政单元之间的社会发展和国民经济差异明显,此部分将按照行政界限分别介绍各地区的概况。

1. 社会经济

中国云南是中国经济不发达省之一。其他4个地区中,除亚洲新兴工业国家泰国外,越南、老挝和缅甸都属于欠发达国家,经济以农业为主,工业基础薄弱,交通设施不发达。从GDP总值和人均GDP排名差异可以看出,这几个地区人口稠密,贫困人口占比较高,且其人口多分布在平原及河口三角洲地区。然而,在未来经济格局中,东南亚新兴经济体的战略地位愈加重要。这5个地区作为研究区的一部分,整体地区经济发展具有潜力和活力,也将面临如何保持环境保护与经济发展平衡的问题。

(1)中国云南位于中国的西南部,其遵循着社会主义公有制的土地制度,包括全民所有制和劳动群众集体所有制。云南作为"一带一路"的重要节点,响应国家改革开放再出发的动员令,2018年持续优化口岸营商环境,引进的省外到位资金超过1万亿元。然而作为中国经济不发达省之一,云南曾是贫困人口和贫困县数量最多、贫困程度最深、脱贫难度最大的省份之一。发展农业是其实现国家"五个一批"工程的重要途径。

（2）老挝全称是老挝人民民主共和国，其国家宪法规定土地由国家在全国范围内集中统一管理并赋予个人、家庭及组织、经济组织、武装部队、国家机关、社会及政治组织有效使用并让外籍人、无国籍人等租赁。个人或组织不能用土地做商品交易。作为东南亚唯一的内陆国，老挝国家经济以农业为主，工业、服务业基础薄弱，是典型的传统农业国。自1986年实施市场经济改革以来，老挝逐步开发对外贸易，在农业生产发展的同时带动了加工业的进步，使其经济发展提速。老挝人口南北分布不平衡，南部人口稠密，北部山区人口稀少，由于南部沿湄公河及其支流的平原等地区为水稻主产区，人口聚集。

（3）缅甸全称是缅甸联邦共和国，位于中南半岛西部，是中南半岛上面积最大的国家。从地理位置来看，缅甸紧邻印度洋和马六甲海峡，与印度、中国和部分中东国家等贸易往来十分便捷，已开发多个贸易口岸，民间贸易、商务往来十分活跃。虽然其土地是国有的，但国民可以长期持有，并可以较为容易地更新、出售或是继承。出于改革和招商引资的考虑，政府允许农民自由经营土地，以促进农业发展和减少贫困。2010—2016年，缅甸在农业领域共吸引外资2.15亿美元。作为世界最不发达国家之一，农业是其支柱产业，农业产值约占国内生产总值的40%，国内70%左右的人口直接或间接从事农业生产活动。

（4）泰国位于中南半岛中部，实行土地私有制，全国的土地分为皇室所有、国家所有和私人所有三类。泰国实行自由经济政策，在20世纪90年代经济发展较快，曾跻身成为"亚洲四小虎"之一，但在"九八经济危机"中受重大挫折,之后经济陷入衰退和停滞。目前,泰国成为新兴工业国家和新兴市场经济体之一,是东南亚的第二大经济体,是世界五大农产品出口国之一,是亚洲唯一的粮食净出口国,也是亚洲吸引外商直接投资最成功的国家之一,其经济的主要部门为制造业、农业和旅游业部门。

(5)越南社会主义共和国,位于中南半岛东部,作为社会主义国家,越南不允许私人拥有土地,土地由政府全权拥有,再授予居民使用权。2010—2015年,农林渔业占GDP比重从18.38%下降至17.00%,工业和建筑业占比从32.13%提高至33.25%,服务业占比从36.94%提高至39.73%。随着社会经济的发展,其经济结构发生着变化,呈现出国穷民富的特点,外资流入力度加大,这主要是由于越南政府持续采取积极外资政策和投资者对越南市场潜力的期待。

2. 农业概况

研究区域内的5个地区水热充分、土地肥沃,利于农业生产,具有丰富的农业资源。水稻是5个地区的主要粮食作物,其中越南、泰国和缅甸是世界上主要的稻米生产国和出口国,但主要分布在平原和三角洲地区。

云南传统骨干产业为烟草产业、糖产业和茶产业,其中烟草产业为最大的支柱产业;传统重要产业为橡胶种植业;新兴产业为花卉产业。其主要经济作物有烤烟、蔗糖、茶叶、橡胶、花卉等,除此之外还有油菜籽、核桃等。老挝农产品主要包括水稻、玉米、红薯、橡胶、咖啡、棉花、花生、烟叶和热带水果等,受气候特征影响,水稻耕作为一年三季,分别为雨季水稻、旱季水稻和旱稻。缅甸可划分为三大农业生态区:中部干旱区适宜发展畜牧业和蔬菜种植,伊洛瓦底江三角洲地区适宜水稻种植和渔业,少数民族聚居的山区和半山区适宜灌溉水稻生产和刀耕火种农业,其中刀耕火种土地占缅甸耕地面积的30%—40%。缅甸农业面临一系列问题,主要表现为农业设施投入不足、农艺技术落后、政策扶持不足等,直接或间接导致农业生产率低。主要农产品有水稻、芝麻、花生、橡胶、小麦、棉花、甘蔗、辣椒等。农业是泰国的传统经济产业,全国可耕地面积约占国土面积的41%,研究区主要覆盖泰国北部区域,受地形影响,农业用地面积相对偏少。泰国是世界上稻谷和天然橡胶的最大出口国,主要粮食作物有稻米、玉米、木薯等,主要经济作物有咖啡、橡胶、腰果等。

3.矿产资源

在能源领域,越南、泰国和中国云南有煤、石油和天然气,缅甸有一些中、小型油气田,而老挝尚未发现重要的煤和油气资源。在矿业经济领域,泰国、越南和中国云南相对而言具有一定的采矿业和冶炼业,如煤、油气、铅、锌、铁、银、铜、铬、铝土、宝石等。缅甸主要是开采一些铜、金和宝石,而老挝的矿业经济薄弱。

云南地质现象种类繁多,成矿条件优越,拥有丰富的矿产资源,尤以有色金属及磷矿著称,具有有色金属王国的美誉。其矿产资源种类全且分布广,能源资源得天独厚,水能和煤炭资源储量较大,地热能、太阳能、风能和生物能也有较好的开发前景。老挝有锡、铅、钾盐、铜、铁、金、石膏、煤、稀土等矿藏,迄今得到开采的有金、铜、煤、钾盐、煤等。缅甸矿藏资源丰富,有石油、天然气、钨、锡、铅、银、镍、锑、金、铁、铬、玉石等。石油是缅甸重要的经济资源之一,其有色金属分布很广。泰国矿产资源分为三类,即燃料矿、金属矿和非金属矿。锡是泰国最重要的矿产,储量约150万吨。越南矿产资源丰富,种类多样。越南是世界重要的煤炭生产国,其煤矿主要集中在北方地区,煤炭的储量丰富且品种多、质量好。越南铁矿已探明储量约13亿吨,资源量约23亿吨,现已发现3个铁矿区,分别位于西北地区、北部地区和中部地区。

第二节 ｜ 基础数据与资料

在东南亚土地利用变化演变过程及其影响研究中用到的基础数据主要包括以下4个部分。

1.遥感数据

选取覆盖整个研究区范围的2000—2018年Landsat-5、Landsat-7及Landsat-8（陆地卫星）遥感影像，基于Google Earth Engine平台（https://code.earthengine.google.com/），对所有遥感数据进行相关解译和数据分析。

2.统计数据

这部分数据是指2000—2018年社会经济发展公报、统计年鉴、文献数据、互联网等关于研究区土地利用的数据，是为土地利用变化研究辅助分析而收集的，是保障研究开展的佐证材料。

3. 矢量数据

这部分数据主要包括中国、越南、缅甸、泰国、老挝等国家的区位图（http://www.diva-gis.org/Data），是差异性分析的基础框架。

4. 其他数据

这部分数据主要包括研究区气候环境、地质灾害条件等方面的资料。在研究过程中，这部分数据虽然并没有直接运用于数据计算过程中，但是其能够从侧面支撑研究结果，推动研究进程，对研究完成具有重要意义，是不可缺少的一部分数据。

第三节 ‖ 相关基础理论与应用

一、可持续发展理论

可持续发展作为"既满足当代人的需求,又不损害后代人满足其自身需求的能力"的理念为人们所广为熟知(张晓玲,2018),而后逐渐衍生出"环境要素可持续发展""社会要素可持续发展""经济要素可持续发展"三大主体内容。环境要素可持续发展强调人类生产活动要尽量减少对环境的损害,要尽量维系环境的固有状态。这一理论的正确性是毋庸置疑的,但在实际操作中,有时很难衡量其对环境的损害,往往不同主体成员对同一个行为拥有不同的看法,不同视野角度也具备不同价值评判体系。以我国"三峡水电站"为例,支持人士认为它不仅仅能够满足我国经济发展用电需求,而且能减缓火力发电带来的温室气体排放。而反对人士则认为,其在很大程度上破坏了当地的地理条件,危害区域生态安全。社会要素可持续发展是指不能局限于环境保护,人类生产活动就应当满足自身发展的基本需要,追求可持续发展并非让人类回到原始社会,而是要正视科技发展带来的基本环境问题。经济要素可持续发展则是从利益获取的角度入手,强调经济上的有利可图性。包括两个方面的含义,一是认为只有经济利益得到保证,才有可能得到可持续发展;二是如果经济利益无法从当前行为得到体现,则必然要从行为上获取相应收益才可能持续发展。由此就可能造成此地的环保以彼地更严重的环境损害为代价。

可以看出,可持续发展理论必须保障三要素的协调发展,才能促进社会的总体进步,避免一方面的受益以牺牲其他方面的发展和社会总体受益为代价。其本质目的是在保护环境和资源永续利用的前提下,在追求经济质量和数量的提升上,改善人类生活质量,提高人类健康水平,是自然—经济—社会持续、稳定、健康发展的综合系统。而实际上,很难实现人类需求与地球供应能力真正意义上的匹配,这就是所谓的环境悖论。因此,要么通过削减需求,降低人类生活质量,使需求与供应相匹配;要么通过科学技术,提高地球供应能力,使供应与需求相匹配。基于此,现实生活中的可持续发展可以分为"强可持续发展"和"弱可持续发展":前者强调"自然"利益为上,人类应该减少对自然资源的诉求,要限制自然资源的使用;后者认为如果人类对环境过度索取,可以在一定程度上通过科技进步使环境得到弥补,"适当"的过量,并不会改变后代从地球环境中攫取生产资料的总量。当然,尽管在形式和理念上存在多种多样,可持续发展从"以经济、社会目标为中心"逐步向"以生态环境保护为中心"的趋势不会改变。

土地作为地球万物的核心载体,其可持续发展更是关乎地球永续发展的重中之重。如何以可持续发展的土地利用方式,推动人类经济社会的发展,将是土地学科的重要问题。迁移农业是一种会对生态环境造成很大负担的土地利用方式,解决由其引起的森林退化、大量营养物质流失、土壤生物群落丧失、大气污染和重金属污染等问题已迫在眉睫,而同时,迁移农业是部分地区的生计保障,关系到基本生活条件的安全。因此,亟需在可持续发展理论框架下,探讨迁移农业地区土地利用的可持续发展路径,这是关乎区域乃至全球生态安全和当地居民生存、生活、生产的重大问题。

二、区域一体化理论

区域一体化,顾名思义,是区域内不同组成部分通过信息交流、能量传递逐步融合交汇成一个整体的过程,其概念最早产生于20世纪50年代。早期"一体化"理念主要是在第二次世界大战之后,各个国家为了促进经济的快速恢复,增强彼此的相互合作而提出的,其内容主要包括政治一体化和经济一体化(庞效民,1997)。政治一体化是指同盟国之间的"一体化"关系,相关理论几乎都构筑在冷战时期的两极格局上,时至今日其现实意义已基本消失。而经济一体化则不然,随着科技的进步,各个国家相互交流日益频繁,经济一体化发展已经成为世界经济发展的主流思想。具体而言,区域经济一体化是指通过加强战略同盟国家彼此的经贸合作,区域内各个国家在某种程度上让渡经济主权,包括建立自由贸易区、关税同盟、共同市场、经济联盟、货币联盟等形式，进而削减乃至清除贸易壁垒，加速生产要素的自然流动，形成区域经济一体化。它更多的是强调在同一地理范围内不同经济特色构成单元之间的相互合作。目前区域经济一体化的重要经济体就是欧洲联盟。

中国经济经过数十年来的腾飞发展，区域一体化程度越来越高。就国际环境而言，国家对国际性区域经济合作高度重视，积极发展国际合作，进一步加快改革开放步伐，逐步开放金融市场，引入国际资本。就国内区域协同而言，国家着眼于不同地区经济发展的差异性，通过加快长江三角洲、珠江三角洲、成渝地区等城市群建设的一系列重大举措，促进国内区域合作和优势互补，推动经济发展的一体化进程。

时至今日，中国乃至全球的区域经济一体化程度已经达到相当水平，各个国家、地区的信息交流开始向其他领域迈进。就生态环境而言，受区域一体化发展作用的影响，各类资本在不同区域恶性竞争，以不惜代价的方式加速地球生态资源的使用和损耗，诸如森林乱砍滥伐、过度捕捞等问题。此外，区域经济一体化还会促使地区小规模家庭农业转向以资本市场需求为导向的单一作物种植方式，在一定程度上威胁着生物多样性。但同时区域一体化也会带来区域内不同国家和地区的环境保护合作，建立区域环境管理制度机制的呼声亦越来越高。要借助区域经济一体化"东风"，推动环境保护意识和观念的提高，实现由经济一体化向生态保护一体化的过渡。具体而言，生态保护一体化主要包括两个方面：一方面要推动环境保护意识的全面发散，将可持续发展理念和资源环境危机意识普及到区域各个地区;另一方面要同时促进区域环境信息的处理和相互交流,引导环境资源信息共享,建立生态保护一体化制度。

而迁移农业是土地利用的一种原始而古老的形式,全球每年约45%的森林退化是由迁移农业或者长期的休耕农业导致的(FAO,1985),尤其是在东南亚的山区,迁移农业是当地重要的粮食生产体系,且被认为是区域森林退化的主要原因之一。因此,生态环境保护必须牢牢把握"区域一体化"理念,通过加强区域内国家和地区在生态环境保护层面的相互合作,从而改善区域生态条件,缓解生态环境问题。

第三章

基于GEE的迁移农业区识别及其变化过程研究

土地是人类一切生产活动的基础载体,人类活动对土地的扰动情况是毋庸置疑的。通过土地利用变化研究,可逆推人类活动对土地利用变化的影响。就研究区而言,广泛存在的迁移农业耕作方式,对区域土地利用变化影响作用更为突出,这不仅仅体现在对具体土地利用单元土地利用类型的影响上,还体现在对周边土地利用单元的影响上。

因此,通过识别研究区内迁移农业的发生区域,一方面能够了解区域土地利用变化的关键区域,另一方面也能从侧面逆推区域人类活动的行为规律,是了解区域土地利用变化特征和规律的有效途径。基于此,研究通过Google Earth Engine平台调用LandTrendr算法,对其代码进行补充和改进,结合研究区2000—2018年遥感影像监测数据,拟合迁移农业区植被覆盖度变化特征规律,实现对研究区内迁移农业区的识别。在此基础上探讨不同国家的迁移农业区变化特征和过程,以此作为指导各个国家和地区未来土地利用的理论数据和支撑,服务于区域土地利用变化研究。

第一节 ‖ 研究的具体思路

GEE平台在大尺度土地利用信息变化方面的监测优势是毋庸置疑的。本书主要基于GEE平台的LandTrendr算法,对算法主要参数进行调整,使之匹配研究区实际土地利用环境,结合归一化植被指数(NDVI)、归一化燃烧指数(NBR),对研究区符合迁移农业植被信息变化特征的区域进行识别和提取,进而了解迁移农业区在研究周期内的变化过程,分析和比较研究区不同国家之间的土地利用变化差异,服务区域土地利用战略,研究思路见图3-1。

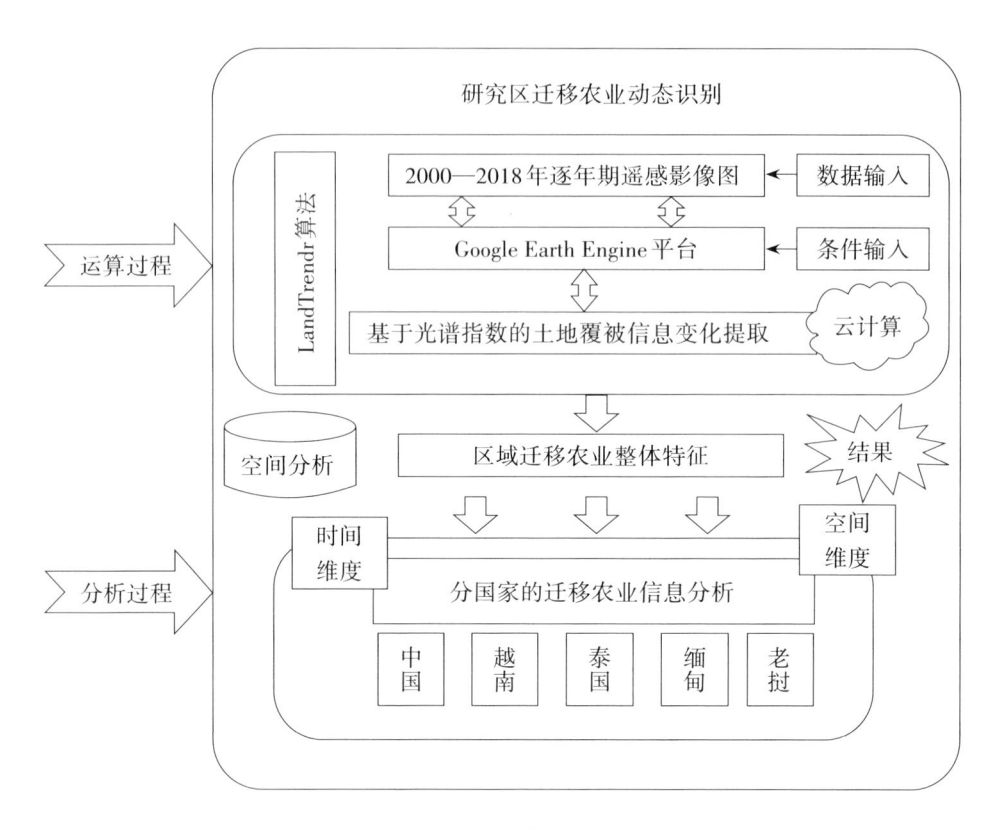

图 3-1 研究思路

第二节 ‖ LandTrendr算法

一、基本原理

土地利用变化，必然会带来土地覆被的变化，基于GEE平台的LandTrendr算法，能够很好地对这种变化进行监测和筛选(Robert et al.，2018)。具体而言，LandTrendr算法主要是基于时间序列分析理念，对研究区内的Landsat影像像元相关信息进行逐一提取，通过计算该像元随时间变化的光谱信息相关指数，最终筛选出对实际研究具有意义的像元部分。(彩图2)

LandTrendr时间序列分析原理就是在借助算法运行原理的基础上，通过获取Landsat影像单一像元的光谱信息(如波段、指数等)相关数据，并完成相关波段和指数的计算，将其进一步拟合成数学模型，计量其断点、拐点等，以此完成对土地利用变化的时间序列分析(图3-2)。

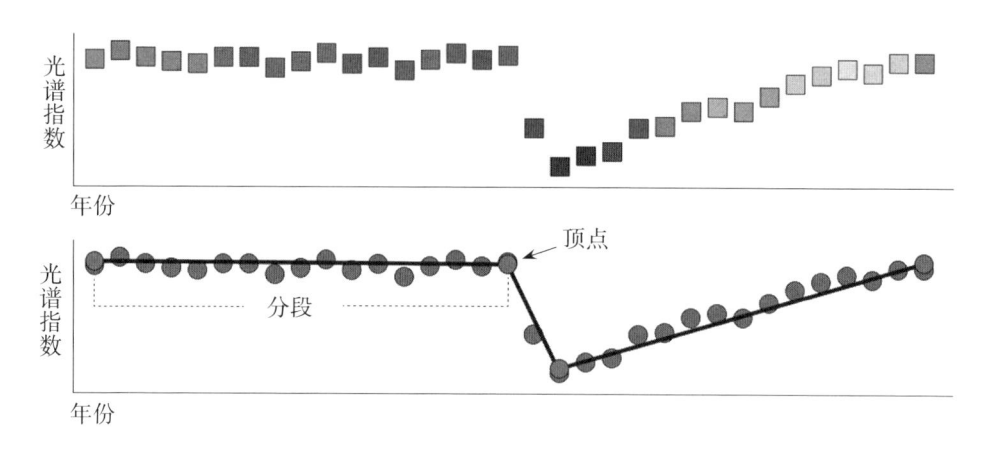

图 3-2 LandTrendr 时间序列分析原理

图片来自 LandTrendr 用户指南。通过借助光谱数据计算得到的单个波段或指数,然后通过断点(顶点)识别将其分成一系列直线段。在研究中通过设定光谱信息的相关参数值实现对土地利用信息变化的反馈。

二、主要参数的设置

通过了解 LandTrendr 的基本工作原理,不难发现该算法的核心要素之一就是要保障数学模型对遥感影像光谱信息拟合的准确性。

而实际地理条件下,不同地区自然条件和社会条件存在着巨大差异,由此带来的土地利用覆被也必然有自身特有的特征。因此,在实际运用 LandTrendr 算法之前,为了保障准确性和可靠性,需要对算法的相关参数进行调整和校正。算法的具体参数及设定值如表 3-1 所示:

表3-1 LandTrendr算法基本参数

参数	类型	含义	默认值	设定值
max Segments	Integer	时间序列上要拟合的最大段数	6	6
spike Threshold	Float	抑制尖峰的阈值(1.0表示无阻尼)	0.9	0.9
vertex Count Overshoot	Integer	初始模型可以使max Segments+1个顶点数超出此数量。但最终计算结果,它将被缩减为max Segments+1	3	6
prevent One Year Recovery	Boolean	阻止一年期恢复波段	False	False
recovery Threshold	Float	如果波段的恢复速率高于1/recovery Threshold(以年为单位),则不允许该段	0.25	1
pval Threshold	Float	如果拟合模型的p值超过此阈值,则舍弃当前模型,并使用 Levenberg-Marquardt 优化器拟合另一个模型	0.1	0.01
best Model Proportion	Float	选取模型拥有顶点数最大时的p值	1.25	0.9
min Observations Needed	Integer	进行输出拟合所需的最小观测值	6	8

三、迁移农业区的识别原理

所谓迁移农业,又叫刀耕火种农业,顾名思义,是一种逐步迁徙、轮作的种植方式,其发生对象往往以林地为主体。因此,迁移农业的发生过程主要包括森林清除、农作物种植和土地休耕三个阶段,是一个非常复杂的农林复合系统。第一阶段主要是对森林植被的快速清理,多以放火的形式展开,这样既能保证植被清除,又能留下部分土壤养料。第二阶段是对清理出来的土地进行种植,典型的迁移农业往往是种植玉米、木薯等一年生作物,多发生在植被清除后的一年。第三阶段就是土地休耕阶段,在土壤肥料耗尽之际,放弃这块土地,随其自然恢复而开始新的迁移农业的循环。(彩图3)

通过分析不同阶段的迁移农业的植被覆盖度能够发现,迁移农业最典型的特征就是第一阶段的森林清除,森林快速地从林地变为裸地,会带来植被覆盖度的迅速下降,而后开始种植作物,表现为植被覆盖度的逐步恢复,但一般很难达到最初水平。基于此,为了识别迁移农业区,研究利用LandTrendr算法对区域内土地利用覆被信息进行提取,并对研究周期内植被覆盖度变化规律符合迅速下降然后缓慢恢复的区域进行筛选,从而实现对迁移农业区的识别(图3-3)。

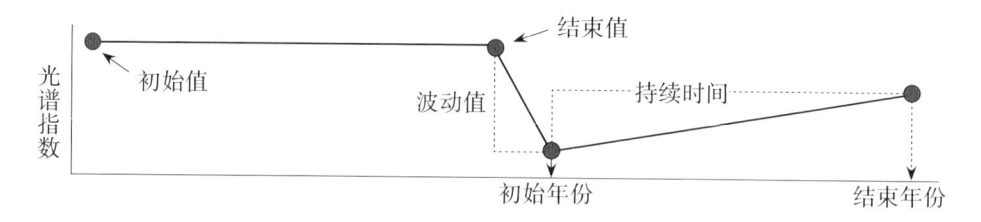

图3-3 迁移农业区植被覆盖度变化规律

*图片来自LandTrendr用户指南

四、土地植被覆盖信息的表征

既有研究表明,不同地物具有不同的波谱特征,同类地物则具有相同或相似的波谱特点,由不同探测器获取的多光谱遥感影像图就是对地物特征量化的数字图像。基于遥感影像数据的获取主要是通过对图像中各类地物的光谱信息和空间信息进行处理分析,选择不同波段的信息组合,将图像中每个像元所蕴含的信息按一定规则或算法划分和计算,进而得到遥感影像中与实际地物相对应的特征信息,实现不同地物场景的研究分析。

通过遥感图像获取植被变化信息的手段主要有植被指数法、回归分析法、分类决策树法、人工神经网络法、像元分解模型法、模型反演法等,其中最为常见、接受度最高的就是植被指数法。植被指数的确定主要是基于植被在红光和近红外波段的差异性光谱特征,其原理是由于植被叶绿素光合作用的强吸收作用,高植被覆盖度地区反射的红光能量将有明显降低,而植被对近外红外波段的辐射则几乎不吸收,因此植被覆盖度越高,其反射的近红外波段能量也会越大。常用的植被指数,主要包括扰动指数(DI)、综合森林特征指数(IFZ)、归一化湿度指数(NDMI)、归一化燃烧指数(NBR)以及归一化植被指数(NDVI)等,不同指数往往对应着不同植被覆盖类型的响应程度。而研究表明,NDVI能够很好地完成对植被生长状态、植被覆盖度的表征,实现对土地植被覆盖程度的识别;而NBR对森林火灾反应最敏感,能够对火灾引起的土地覆被变化有较好的响应,除此之外,其对森林砍伐等也有较好的监测作用(李洛晞等)。基于此,考虑到研究区内迁移农业的种植方式,本书将采用归一化植被指数和归一化燃烧指数来监测土地利用变化,能够更好地结合区域用地实际条件,更为有效准确地识别土地利用变化信息。二者计算公式类似,具体如下:

$$I_{NDVI}=(\rho_{NIR}-\rho_{SWR})/(\rho_{NIR}+\rho_{SWR}) \qquad 公式(3-1)$$

$$I_{NBR}=(\rho_{NIR}-\rho_{SWIR})/(\rho_{NIR}+\rho_{SWIR}) \qquad 公式(3-2)$$

式中,ρ_{NIR}、ρ_{SWR}、ρ_{SWIR}分别为近红外波段、红波段以及短波红外波段的反射率。

第三节 ‖ 迁移农业区识别及其变化过程

根据前人研究,通常情况下,森林的NDVI值和NBR值分别为0.6和0.4,火烧迹地的NDVI值和NBR值分别为0.2和-0.1(孙桂芬等)。因此,就迁移农业区而言,研究需要识别NDVI值和NBR值在研究周期内快速(通常为1年内)减少值分别为0.4和0.5,而后逐步恢复的区域,即可认定为迁移农业区。

一、迁移农业区的空间位置

基于NDVI和NBR识别的迁移农业区结果整体相似(彩图4)。迁移农业区在整个研究区内广泛存在,以中部、西部地区为主,东北部、东部地区相对较少。从空间分布图上不难看出,迁移农业区的分布存在着明显的空间集聚性,频繁发生迁移农业行为的区域相对较为集中,这与人类活动范围的有限性和当地传统耕作习俗有关。一般而言,如果区域存在迁移农业这一传统耕作方式,那么这种耕作方式往往会传承下去;如果区域不存在迁移农业,那么该区域一般不会突然出现迁移农业。这与当地发展历史有关。在这种情况下,结合人类活动的迁移距离,就会导致迁移农业区相对集中,具有明显的聚集效应。

研究中迁移农业的发生时间,指迁移农业第一阶段发生的时间,即森林清除的发生时间。从发生时间的研究来看,迁移农业不仅仅在空间集聚,其发生时间也存在着明显的连贯性。邻近区域迁移农业发生的时间往往相对接近。研究区迁移农业发生时间并没有特别明显的规律,各个部分各个时间段皆有迁移农业发生。这是因为研究区涵盖范围较广,包含不同国家和地区,各个国家内具有自己的迁移农业发生周期,从而体现出这种特征。不过整体来看,基于NDVI识别的迁移农业发生时间和基于NBR识别的迁移农业发生时间在部分地区具有一定差异,这可能与NDVI和NBR各自的计算方式有关,基于不同计算公式模拟出来的NDVI和NBR值域拐点会有一定差异。同时,由于NBR能够更好地识别森林火灾,对火迹用地更为敏感,因此,基于NDVI识别的迁移农业区面积要比基于NBR识别的迁移农业区更小。

整体来看,在整个研究周期内,研究区内迁移农业发生面积较大,土地利用变化很大程度上受到了迁移农业行为的影响。

二、迁移农业区的变化过程

在迁移农业空间识别的基础上,迁移农业区面积变化过程的定量分析,对了解研究区迁移农业发生的趋势具有重要意义。在整个研究周期内,基于NDVI和NBR识别的迁移农业区的面积变化趋势大致相同,除部分年份迁移农业变化面积较大以外,整体较为平缓,呈现缓增缓减的趋势。

以基于NDVI识别的迁移农业区面积为例,往往存在着某一年份迁移农业面积大量发生,随后几年变少的情况,推测这与当地迁移农业发生的周期性规律有关。即某一年份内,大量土地处于迁移农业的第一阶段,而随后几年内处于第二、第三阶段,根据研究的监测原理,主要是针对处于第一阶段的迁移农业区进行识别,因此可能会出现这种规律性特征。基于NDVI识别的迁移农业区变化面积较大的年份是在2001年、2003年和2010年,其他年份相对小很多(图3-4)。整体趋势上迁移农业发生面积有逐步减少的趋势,这也与科学技术条件进步,人类逐渐摒弃迁移农业这一传统劳作方式相符合。

基于NBR识别的迁移农业区就更为稳定,除了2001年的异常值之外,其他年份的迁移农业发生面积峰值接近,整体变化的周期性规律与基于NDVI识别的迁移农业区面积变化规律类似,都是某一年份的识别面积增幅较大,而后增幅减小(图3-4)。

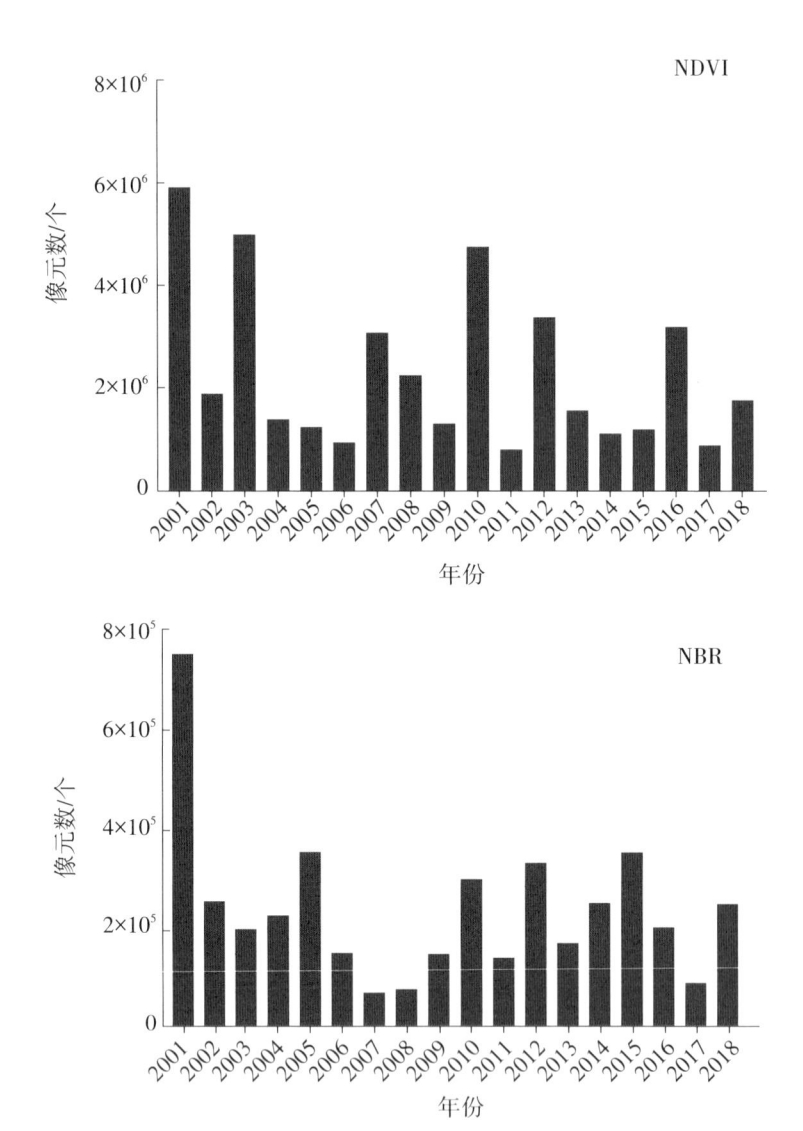

图 3-4　分别基于 NDVI 和 NBR 识别的迁移农业面积变化

注：研究数据选取范围为 2000—2018 年，2000 年的数据为基础数据，2001 年才开始有变化值。

三、迁移农业区的恢复过程

迁移农业的恢复过程,是指迁移农业发生的第二、第三阶段,是土地植被覆盖度逐步增加、缓慢恢复的过程,它既包括人类种植作物带来的植被覆盖度的恢复过程,也包括休耕之后植被的自然生长过程。通过识别区域植被恢复过程,计算土地单元植被恢复的周期,不仅能分析由迁移农业带来的土地覆被变化情况,也能从不同的恢复周期,推断迁移农业活动发生的周期。结合基于LandTrendr算法的迁移农业区识别原理,能够有效地对这一过程的具体恢复周期进行量算。

从基于NBR识别的迁移农业恢复过程可以看出,绝大多数迁移农业区的恢复周期在7年内,不同恢复周期的迁移农业区数量随着周期加长而逐渐减少(彩图5)。这一方面是因为在实际土地利用过程中,短恢复周期受人类活动的影响更多。当土地单元上的森林被快速清除后,人类就能在其土地上种植作物,这样就能促使土地植被覆盖度快速恢复并随后变化趋缓至下一个土地利用变化周期。另一方面是因为在迁移农业识别的研究周期内,更多考虑的是土地是否发生迁移农业行为,如果是,则计入迁移农业识别区。而在识别迁移农业的恢复周期时,如果该土地的迁移农业发生行为是在研究周期的末期,由此计算的恢复周期就会受到研究时间段的影响,会导致计算的迁移农业恢复周期不完整。因此,迁移农业恢复周期较长的土地利用单元数量相较于恢复周期短的土地利用单元有较大差距。

基于NDVI识别的迁移农业区和基于NBR识别的迁移农业区除了在识别的具体数量上有所不同以外，二者识别的迁移农业区的恢复周期结果类似（彩图5、彩图6）。计算结果表明，基于NBR识别的迁移农业区恢复周期小于7年的土地利用单元占比为90.54%，而基于NDVI识别的迁移农业区恢复周期小于7年的土地利用单元占比为92.38%，整体结果十分接近，进一步说明绝大多数迁移农业区恢复周期在7年以内。可以说，两种不同指数对迁移农业区识别的差异性更多的是体现在数量上，而对于既有识别区内的迁移农业行为能够有较好的揭示。

第四节 ‖ 不同国家迁移农业的差异性特征

不同国家由于受其地理条件、气候条件、经济水平、人文风俗等因素的影响,其迁移农业区必然会有其固有的特色。由迁移农业带来的土地利用变化影响,也会有不同。基于此,分析不同国家或地区的迁移面积变化和发生时间,对了解区域土地利用变化的实际情况具有现实意义。

一、不同国家迁移农业的面积差异

考虑到不同国家整体面积的差异,为了便于横向对比,研究将重点分析研究区内不同国家迁移农业区面积占该国家面积的比例情况,进而了解区域内迁移农业的发生情况和概率。

研究表明,基于NDVI识别的迁移农业区和基于NBR识别的迁移农业区在不同国家的面积占比结果类似(图3-5),其中泰国、缅甸、越南迁移农业识别效果较接近。老挝地区基于NBR识别的迁移农业区面积要小于基于NDVI识别的迁移农业区,究其原因是老挝地区地处森林密集区,NDVI对森林植物冠层有较好的识别作用。中国地区,基于NBR和

NDVI识别的迁移农业区差异最大,基于NBR识别的迁移农业发生概率接近10%,而基于NDVI识别的迁移农业发生概率仅有5%左右。推测其主要原因是中国地区城市发展较为迅速、人类活动剧烈,而由此带来的土地变化也更为复杂。基于NDVI识别的迁移农业区在实际测算中会忽视掉部分变化过程,而NBR对森林砍伐、火灾发生更为敏感,能够对这种情况有所弥补。

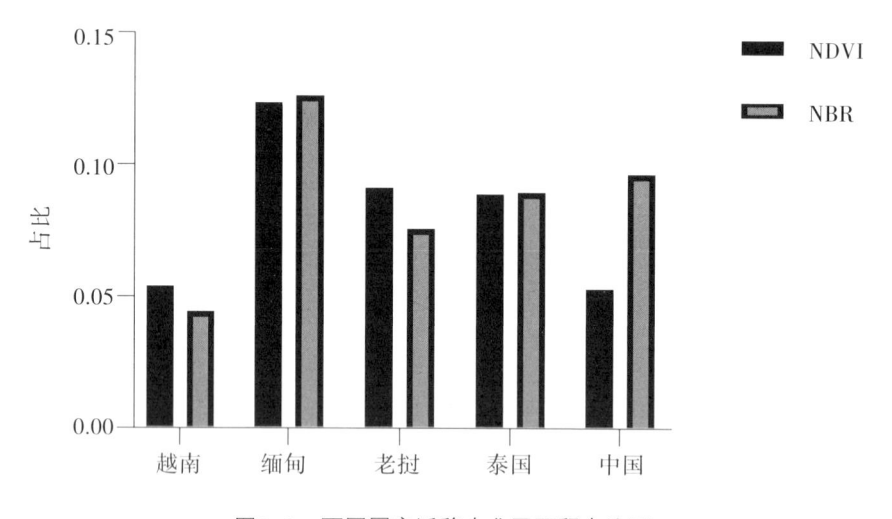

图3-5　不同国家迁移农业区面积占比图

整体来看,在研究周期内(2000—2018年)就一个土地利用单元而言,迁移农业活动最为剧烈的是缅甸地区,有近13%的概率发生迁移农业活动;而后是泰国地区,其迁移农业发生概率接近9%;老挝地区的迁移农业发生概率接近8%;中国地区由于两个指数计算结果差异较大,取二者平均得到该地区发生迁移农业的概率约为7.5%;越南地区迁移农业发生概率最小,只有5%左右,迁移农业活动并不剧烈。

二、不同国家迁移农业发生时间的差异

针对不同国家迁移农业发生时间的研究,主要是为了了解不同国家迁移农业发生概率随时间推移而产生的不同特征,进而了解迁移农业的发展趋势(图3-6)。

a. 中国

b. 缅甸

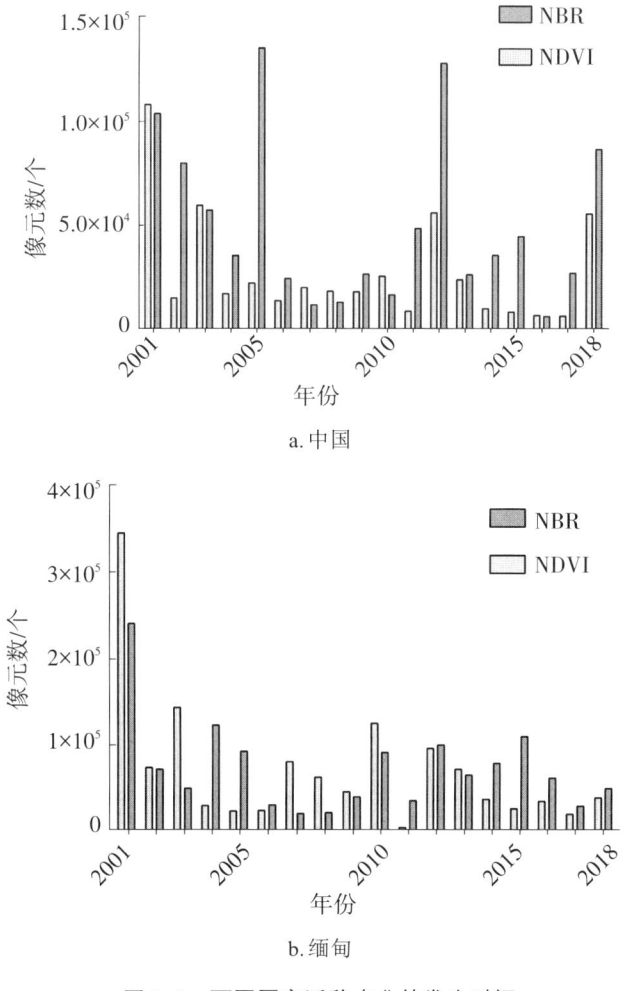

图3-6 不同国家迁移农业的发生时间

c. 越南

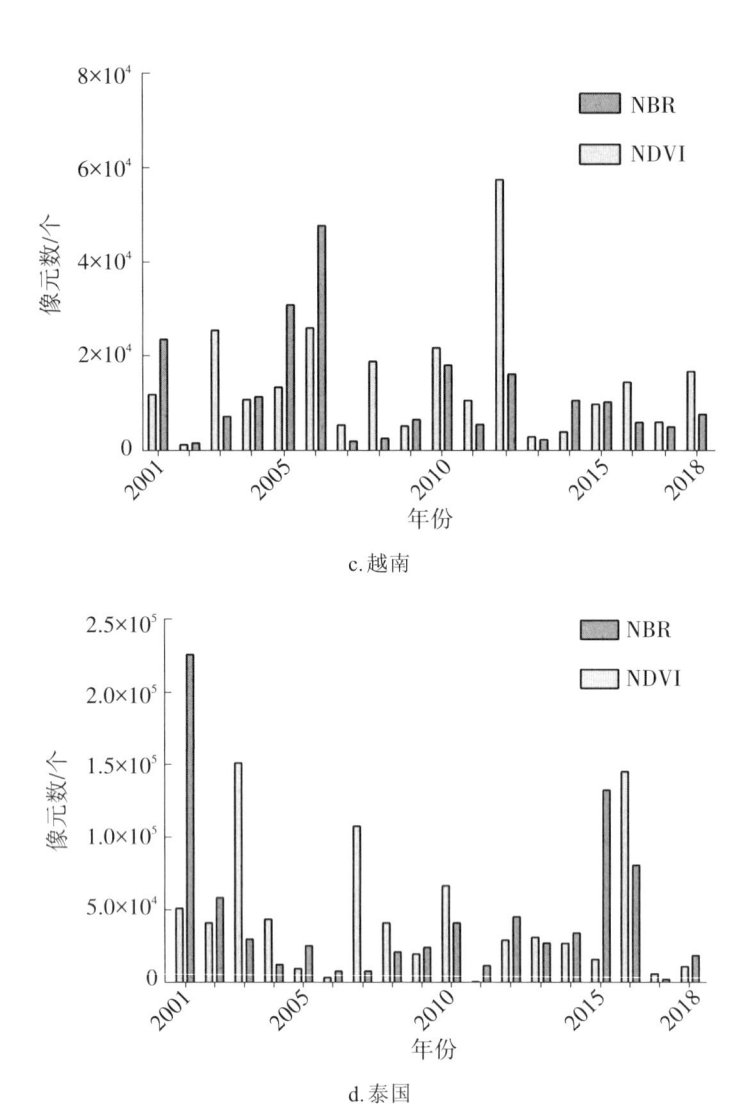

d. 泰国

图 3-6 不同国家迁移农业的发生时间(续1)

e. 老挝

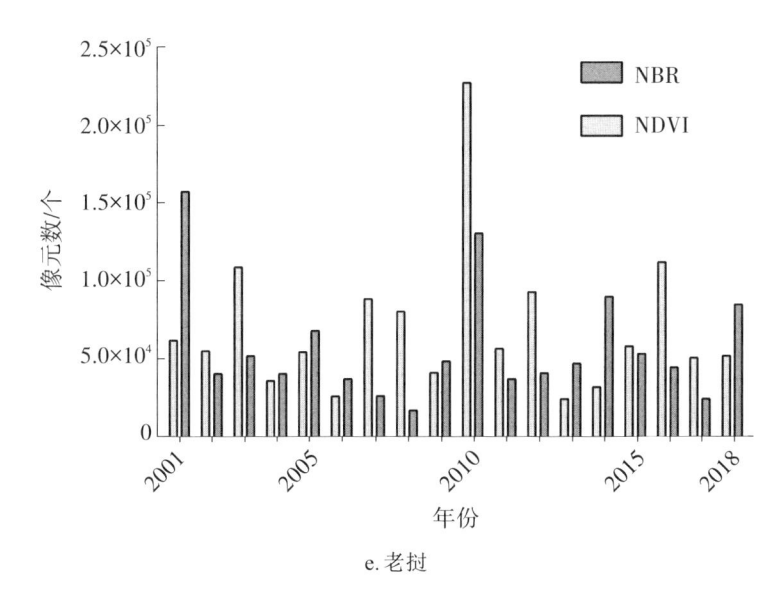

图3-6 不同国家迁移农业的发生时间(续2)

　　就中国地区而言,基于NDVI识别的迁移农业区面积变化规律明显,除部分年份异常增大之外,整体变化较为平均,而随着时间的推移,并没有呈现出逐步减小的趋势,这也就意味着迁移农业这一传统耕作方法在很大程度上还依然存在。基于NBR识别的迁移农业区与基于NDVI识别的迁移农业区面积变化趋势相同,但出现的峰值不同。基于NBR识别的迁移农业区分别在2001年、2005年、2012年、2018年,整体有近似等差数列特征,也就是土地利用变化的周期性规律,从迁移农业的角度来说,即迁移农业的发生周期大致为5—7年。同一周期内的迁移农业活动结束,就会同步开展新地区的迁移农业,从而导致迁移农业区识别面积变化的峰值出现。

缅甸地区的迁移农业区面积变化非常平缓,基于NBR和NDVI识别的迁移农业区面积整体变化趋势相似。除了迁移农业变化面积在2001年出现异常值之外,后续年份的面积变化较为平缓,但同样存在着大小起伏。不同于中国地区有明晰周期性规律的是,无论是基于NBR还是基于NDVI识别的迁移农业区变化面积并没有特别明显的周期性规律。从前述研究可知,缅甸地区迁移农业发生概率较大,基于此推测正是由于广泛存在的迁移农业行为导致了这种非周期性的规律变化。

越南地区基于NBR识别的迁移农业区面积变化存在着3个明显的波段特征,从2001—2006年逐步增多,到2007年锐减后缓增至2010年,2010—2018年呈逐步减少趋势(2012年异常增高)。越南地区基于NDVI识别的迁移农业区与基于NBR识别的迁移农业区结果大致类似,也有较为明显的周期性特征。

泰国地区的迁移农业识别结果与中国最为相似,都是由较大迁移农业变化面积组合较小迁移农业变化面积而呈现周期性规律。但基于NBR识别的最大迁移农业变化面积是发生在2001年,而基于NDVI识别的最大迁移农业变化面积发生在2003年。部分年份两种不同指数识别的迁移农业面积差距较大。

老挝地区基于NDVI识别的迁移农业变化面积的变化特征最为明显,除2010年出现异常值之外,各年份迁移农业发生面积接近,随着时间的推移,呈锯齿形上下波动的趋势,但整体有逐步减少的走向,而基于NBR识别的迁移农业面积变化特征也大体相似。

基于以上，各个国家迁移农业发生面积随着时间推移有各自不同的特征，整体并没有出现预期的随着人们生态环境保护观念的加深，迁移农业行为逐渐被摒弃。其原因可能是研究区地处偏远、人们生态环境保护意识欠缺，也可能是人们追求生存、生产的意志要远远强于生态环境保护的意识。总而言之，增强人类环境保护的意识任重而道远。

第五节 ‖ 基于NDVI和NBR识别的迁移农业区识别效果分析

通过前述研究,我们了解到基于NDVI识别的迁移农业区和基于NBR识别的迁移农业区在部分情况下存在着较大差异。因此,为了比较两种识别结果在反映土地利用单元植被变化情况的优劣,拟开展基于NDVI和NBR识别的迁移农业区效果分析研究。

通常而言,迁移农业带来的土地利用变化主要有林地转换为园地(用来种植橡胶等多年生作物)或者林地转换为耕地(用来种植玉米、水稻等一年生作物),由此带来的土地利用植被变化特征亦有所不同。基于此,为了切实了解基于NDVI识别的迁移农业区和基于NBR识别的迁移农业区哪一种更能贴合实际情况,研究拟通过目视判读的方法,从迁移农业识别区内抽选两个当前土地变化类型(分别为耕地和园地)的斑块作为分析样点,探讨该板块在整个研究周期内的植被覆盖度变化情况。在此基础上,利用LandTrendr算法识别迁移农业区的原理,得到NDVI和NBR计算的实际植被覆盖度与LandTrendr算法的耦合程度,分析两种不同指数对识别迁移农业区的不同效果。

一、基于园地的迁移农业区识别效果

研究首先利用目视判读,从迁移农业识别区中抽选出土地利用类型在2018年为园地的土地利用单元(彩图7),不难发现,该土地当时的种植作物为天然橡胶。

当该土地利用单元的迁移农业行为发生之后,土地利用类型变为园地。如此则对应着土地斑块将经历森林清除,随后种植多年生作物,由此带来的土地植被覆盖度的情况应该是由骤减然后到缓慢恢复。为此,绘制了研究期间内基于NDVI和NBR计算的土地植被覆盖度及其与LandTrendr算法的拟合程度图(图3-7,图3-8)。结果表明,LandTrendr算法对基于NDVI计算的土地植被覆盖度和基于NBR的土地植被覆盖度都有较好的拟合,对迁移农业发生的时间拐点都能很好地识别。

具体而言,基于NDVI表征的土地利用单元植被覆盖情况在迁移农业发生前变化并不明显,整体波动较为平缓。但迁移农业发生之后,由NDVI所表征的植被覆盖情况变化剧烈。这就造成了LandTrendr算法较难拟合,对最终拟合结果有一定影响,不过其最终拟合的均方根误差为85.95(因为计算结果放大1 000倍,实际值应为0.085 95),整体拟合程度较高,基于NDVI表征的土地利用单元植被覆盖情况能够应用于LandTrendr算法。当然,从研究抽选的样点来看,虽然LandTrendr算法对基于NDVI表征的迁移农业发生后期土地覆被信息变化波动并未完美拟合,但对迁移农业区的识别结果并没有什么实质性影响,也不排除在极端情况下,这种拟合状态会对迁移农业识别区造成影响。

基于NBR表征的土地利用单元植被覆盖情况在迁移农业发生前与NDVI结果类似,整体变化并不明显。而对于迁移农业发生的年份,由于NBR对火迹地的状态更为敏感,其计算值为负值,这对于迁移农业的识别大有裨益。在特殊情况下,即使迁移农业发生前期土地植被覆盖度不够高,但由于NBR为负值,也能很好地识别这种过程。由NBR所表征的植被覆盖度在迁移农业发生后也有所波动,但相对较为平滑,利用LandTrendr算法对其进行拟合,最终拟合得到的均方根误差为65.01(即实际值应为0.065 01),也要略小于NDVI拟合的值。

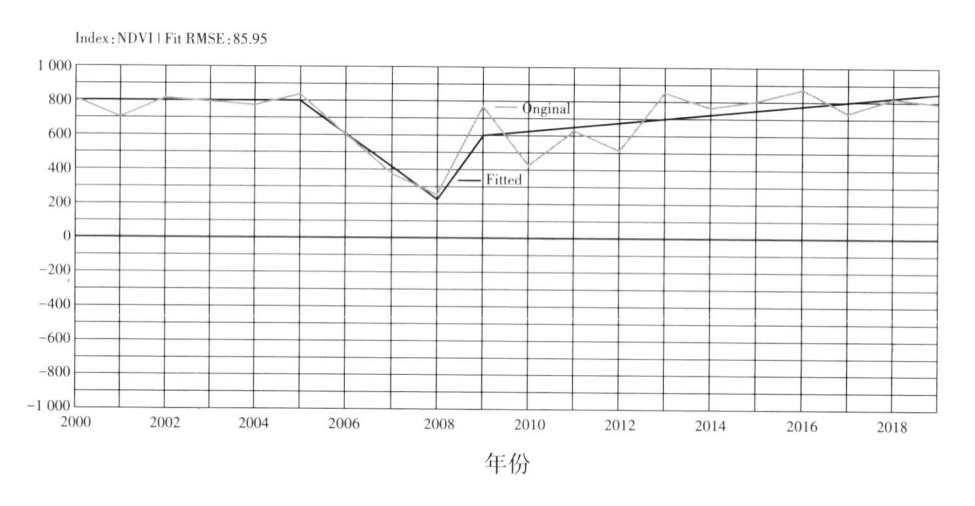

图3-7　基于NDVI的LandTrendr算法拟合图

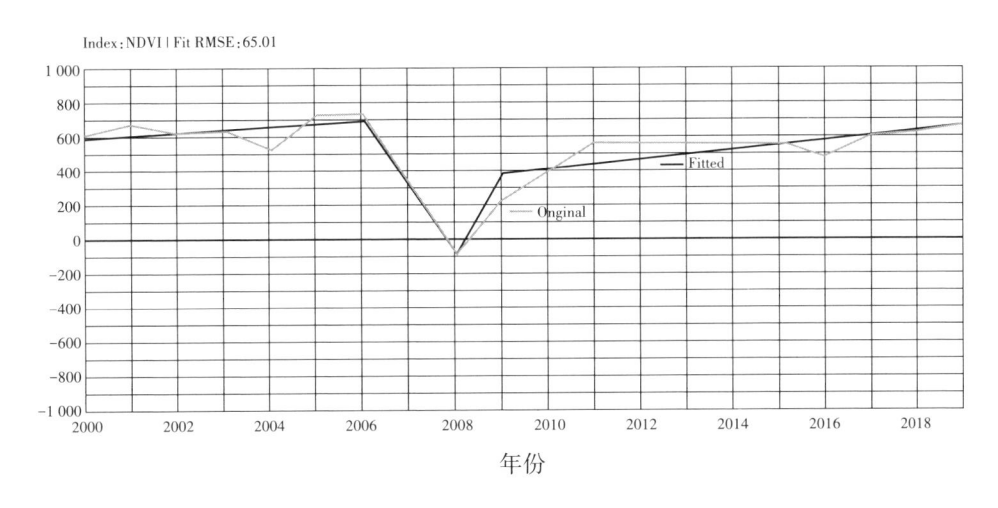

图3-8 基于NBR的LandTrendr算法拟合图

二、基于耕地的迁移农业区识别效果

基于耕地的迁移农业区识别效果研究与基于园地的迁移农业区识别效果研究思路一致。所以需要从迁移农业识别区中抽选出土地利用类型在2018年为耕地的土地利用单元(彩图8)。

当该土地利用单元的迁移农业行为发生之后，土地利用类型变为耕地。如此则对应着土地斑块将经历森林清除，随后种植一年生作物，由此带来的土地植被覆盖度的情况应该是由骤减然后恢复至趋于平缓。同样，研究绘制了研究期间内基于NDVI和NBR计算的土地植被覆盖度及其与LandTrendr算法的拟合程度图(图3-9,图3-10)。结果表明，当发生迁移农业的土地利用单元转换成耕地时，LandTrendr算法对基于NDVI

计算的土地植被覆盖度和基于 NBR 计算的土地植被覆盖度都有较好的拟合，对迁移农业发生的时间拐点都能很好地识别。

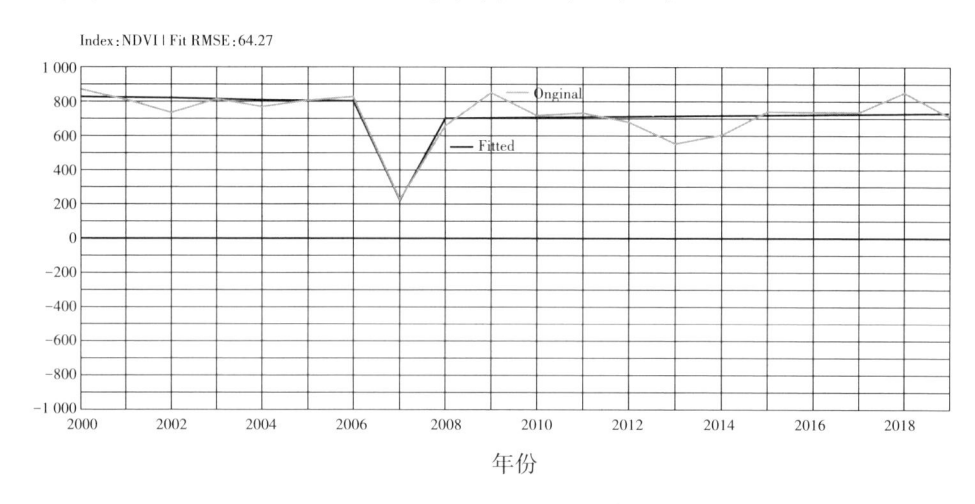

图 3-9　基于 NDVI 的 LandTrendr 算法拟合图

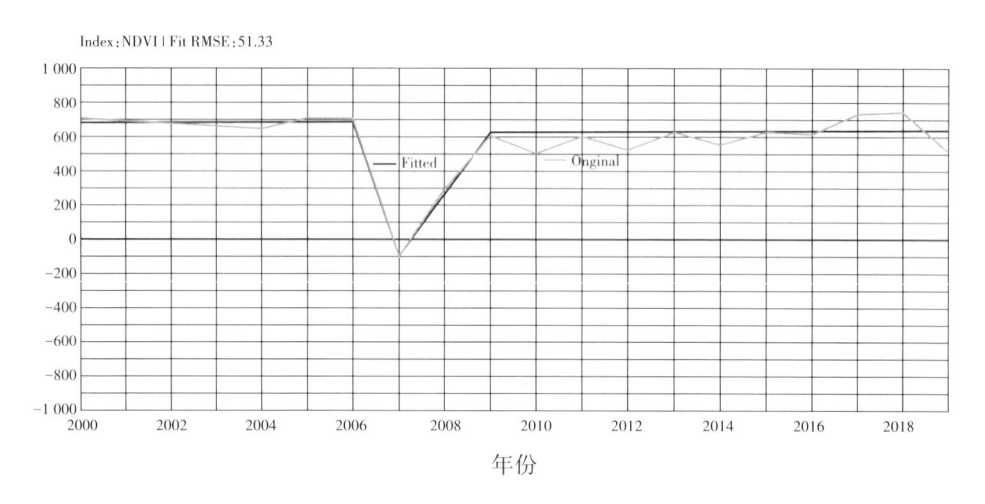

图 3-10　基于 NBR 的 LandTrendr 算法拟合图

相对于土地利用类型为园地的迁移农业发生区而言,土地利用类型为耕地时的拟合效果更好,推测其主要原因是耕地种植更多为一年生作物,年复一年,其植被变化程度多为稳定地上下浮动,不会有较大幅度震荡。基于NDVI和基于NBR表征的土地利用单元植被覆盖情况也进一步印证了这种推论。在迁移农业发生前,土地植被情况相对稳定。当迁移农业行为发生时,NDVI值和NBR值会发生很大幅度下降,随后恢复至一定水平后趋于稳定。

研究中,LandTrendr算法对基于NDVI表征的土地利用单元植被覆盖情况的最终拟合均方根误差为64.27(即实际值应为0.064 27),而基于NBR表征的土地利用单元植被覆盖情况的最终拟合均方根误差为51.33(即实际值应为0.051 33)。LandTrendr算法对基于NBR表征的土地利用单元植被覆盖情况拟合程度要优于NDVI。

综上,无论土地利用单元类型是园地还是耕地,LandTrendr算法对基于NBR表征的植被覆盖情况拟合程度都要略优于NDVI。

第四章

迁移农业对迁移农业扰动区土地利用的扰动研究

迁移农业作为一种古老又原始的耕作方式,其对土地利用变化的影响不言而喻。基于此,为了探讨这种干扰作用关系,文章拟以迁移农业识别区为基础,进一步识别区域土地利用变化强扰动区,分析和探讨基于迁移农业的土地利用变化扰动区在时间和空间上与迁移农业的耦合关系。研究迁移农业与土地利用变化强扰动区的相互关系,对了解迁移农业对区域土地利用变化的影响程度具有实际意义。

第一节 ‖ 研究的具体思路

迁移农业不仅仅会带来植被覆盖度的快速降低,也会在后续耕作期和休耕期带来植被快速恢复或缓慢增加。换句话说,迁移农业不仅会带来土地植被的破坏,在某种程度上,也会逐步引起土地植被覆盖度的增加。而迁移农业作为一种人类行为,其发生过程必然会有与之配套的邻近土地植被覆盖度的变化。基于此,以土地覆被变化来表征土地利用变化过程,对土地覆被度变化存在异常点的区域实施监控和管理,将使迁移农业和迁移农业土地利用变化扰动区的关系研究具有可达性。

前述研究表明,LandTrendr是一种以时间序列分析理念为基础的运作算法,通过对研究区内的遥感影像像元相关信息逐一提取,进而计算得出该像元的光谱信息相关指数随时间变化而呈现的状态和特征,以此筛选出对实际研究具有意义的像元。而在基于GEE的迁移农业区识别及其变化过程的研究中,通过LandTrendr算法借助NDVI和NBR指数能够有效地对研究区土地植被覆盖度变化进行表征,进而提取出符合迁移农业土地覆被变化特征的区域。尤其是借助NBR指数,LandTrendr算法能够很好地实现对土地利用覆被变化情况的模拟,反馈区域土地利用植被覆盖度的信度较高。

基于以上思路,此部分研究为了分析迁移农业和土地利用变化扰动区在时间和空间上的相互关系,需要借助LandTrendr算法和NBR指数对土地利用变化扰动区进行提取。与迁移农业区识别情况不同的是,以土地植被覆盖度表征的土地变化扰动区的识别既包括由人类活动带来的土地植被覆盖度变低的情况,也应包括土地植被覆盖度增加的情况。在识别土地利用变化扰动区的基础上,从空间上和时间上探讨其与迁移农业区的关系,分析迁移农业对区域土地利用变化扰动区的影响作用。具体研究内容包括:(1)迁移农业扰动区的识别及其空间分布特征。通过NBR指数识别研究区土地覆被度变化剧烈(增量或减量)的土地利用单元,利用ArcGIS绘制土地利用变化扰动区的空间信息和特征。(2)迁移农业扰动区的土地利用变化日期的提取。通过了解土地利用变化发生的日期规律,分析土地利用变化受扰动的发展趋势。(3)迁移农业对迁移农业扰动区的耦合关系,主要是通过定性定量分析迁移农业区与迁移农业扰动区的重叠关系,来揭示迁移农业对土地利用变化扰动区的干扰作用。(图4-1)

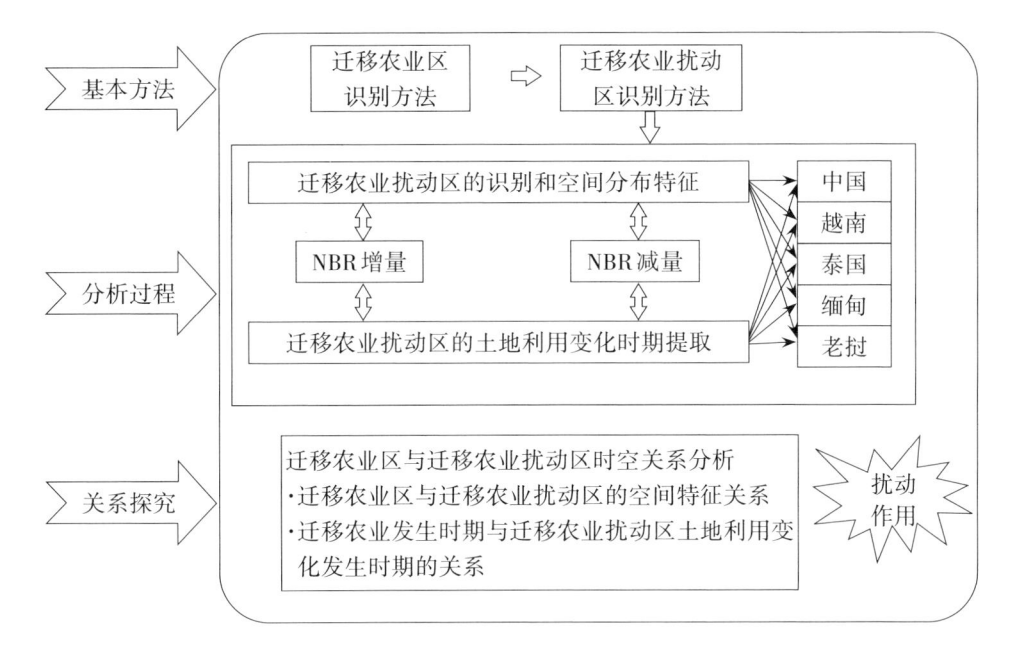

图 4-1　研究框架

第二节 基于NBR识别的迁移农业扰动区空间信息提取

基于NBR识别的迁移农业扰动区研究能够实现对研究区内植被变化信息的有效识别，这既包括对植被覆盖度增加（即NBR增加）区域的识别，又包括对植被覆盖度减少（即NBR减少）区域的提取。根据NBR计算公式，其值域范围是[-1,1]，在实际操作中，为了便于算法运算和空间展示，将其值放大1 000倍，即NBR值域范围是[-1 000,1 000]。研究依次对NBR变化幅度（增加或减少）在100—200,200—300,300—400,400—500，以及大于500的区域进行分组识别（其值无临界整数）。

一、基于NBR增量识别的土地利用斑块空间特征

基于NBR增量识别的研究区结果如彩图9所示，研究区NBR值增量在100—200区间的土地利用斑块分布十分散乱，空间分布无明显特征，整体呈东部多西部少的趋势。斑块类型也是以细小斑块类型为主，斑块与斑块间无明显聚集现象。北部高海拔和西部高海拔地区斑块分布较少，NBR这个变化值区间变动可能是由人类活动引起的，而这部分

地区的人类活动较弱。这也从侧面说明由自然地理条件演变出来的NBR变化值往往会大于200或者小于100。

研究区NBR值增量在200—300区间的土地利用斑块分布更为均衡,在研究区各个地区都有所体现。整体也是以细小斑块为主,从数量来说比增量区间在100—200的土地利用斑块有明显增加,说明研究区的NBR增量主要集中在这个范围内。

NBR增量大于等于300的土地利用斑块,其空间分布特征就有了较为明显的变化,主要集中于研究区的东半部分。当NBR增量处于300—400区间时,其土地利用斑块空间分布依然是离散的,但其与地理条件的耦合关系开始出现初步特征,沿山脉或者峡谷呈带状轮廓,亦说明这部分区域与人类活动的联系更为密切。

在NBR增量在400—500区间的土地利用斑块上,已经能够清晰看见土地利用斑块空间分布的带状特征与地理环境的耦合关系,NBR变化值相近的土地利用斑块出现了聚集效应,说明土地利用变化过程有空间聚集性。

NBR增量大于500的土地利用斑块,其条带状特征非常明显,主要分布于研究区的北部、中部、南部以及西部部分地区,土地利用斑块彼此更为聚集,大小也有所增加,其空间分布具有明显的规律性特征,说明这些区域或多或少都受人类活动的影响。

基于以上研究可以得出,人类活动引起的土地覆被变化和由自然演替而产生的土地覆被变化并不相同,不论是植被覆盖度,还是空间分布特征都有较大差异。基于NBR增量识别的土地利用变化研究,能够很好地证明这一过程。

二、基于NBR减量识别的土地利用斑块空间特征

基于NBR减量识别的研究区结果与基于NBR增量识别的研究区结果十分类似(彩图10),NBR减量在100—200的土地利用斑块分布散乱,空间分布无明显特征;NBR减量在200—300的土地利用斑块分布就更为均衡,数量也有所增加;NBR减量在300—400的土地利用斑块开始出现沿山脉或者峡谷呈带状轮廓的空间分布特征;NBR减量在400—500区间的土地利用斑块出现明显聚集效应;直到减量值大于500,出现最明显的规律性变化特征。也就是说,随着NBR值变化越大,其呈现的变化特征越规律,说明受人类活动干扰的程度就越高。

研究为了进一步验证NBR增量和减量变化的相似程度,将NBR值变化大于500的增量和减量识别结果放在同一张图上(彩图11),从图上可以很清晰地观察到二者的重合度非常高,即无论土地植被覆盖度是增加还是减少,很大程度上都发生在类似区域,易发生土地利用变化的区域总是与极易发生土地利用变化的区域聚集,呈空间聚集特征。

第三节 ‖ 基于NBR识别的迁移农业扰动区土地利用变化时期提取

基于NBR识别的迁移农业扰动区土地利用变化时期提取主要是了解不同程度土地利用扰动的土地利用变化发生日期，进而初步了解和预测土地利用变化的发展规律和未来走势。本节基于NBR增量和减量的土地覆被变化时期提取结果进行分析。

一、基于NBR增量识别的扰动区土地利用变化时期提取

基于NBR增量识别的扰动区土地利用变化时期提取结果如彩图12所示，研究区土地利用斑块NBR增量在100—200区间变化的发生时间规律并不明显。各时间段在研究区各个空间位置都有该幅度的土地利用变化发生，整体上研究区北部地区土地利用变化发生时间要略早于南方地区，从经济发展周期上来说，土地利用会较南部地区稍微有所提前。

土地利用斑块NBR增量在200—300区间变化的发生时间呈现出的最明显特征就是2016年以来的变化区域主要集中在研究区的西南角——泰国地区，其他地区土地利用变化在各年份都有，但规律性特征不

明显。由成果图显示的土地利用变化时间周期开始出现连续性,说明土地利用正逐步趋于有序化。

NBR增量在300—400区间发生变化的时间特征与200—300区间类似,规律性特征较强。整个区域各年份的土地利用变化的强度相对均衡,除了近年来在研究区西南角的泰国地区有所增强。

NBR增量在400—500区间的发生时间更为聚集,同一年土地利用变化发生的区域更为集中,受影响斑块面积也有所增加。从时间阶段来看,这一变化幅度在研究区北部、东南部的发生时间主要集中在2010年之前;研究区西部、西南部则主要发生在2010年之后,尤其是在2016年之后,土地利用发生了较大强度的变化。

NBR增量大于500,即受人类活动扰动最为剧烈的区域,其变化发生时间特征最为清晰,研究区内邻近区域的土地利用变化多数发生在同一时间段内,北部地区集中在2010年左右,南部地区集中在2016—2018年。

结合以上所有分析,基于NBR增量的土地利用变化特征整体表现为研究区北部地区发生变化时间早于南部地区,邻近土地利用变化强度较大的区域其变化多发生在同一时间段内,强度越大,这种趋势就越明显。

二、基于NBR减量识别的扰动区土地利用变化时期提取

研究区NBR减量在100—200区间的变化时间与NBR增量(同幅度)提取结果类似,具体发生时间规律并不明显(见彩图13),各时间段在研

究区各个空间位置都有该幅度的土地利用变化发生,其主要原因是小幅度的土地利用变化受经济、政策强制保护的影响并不大,相对较为灵活。NBR减量在200—300区间的变化时间同样与NBR增量(同幅度)时间变化有类似规律,研究区东部地区发生变化时间要早于西部地区,但整体较NBR增量变化的时间有所提前。即就同一变化单元而言,土地植被覆盖度会先降低,然后逐步提高至原有水平,呈现出先减后增的规律,NBR减量在300—400区间和400—500区间也有类似的规律。值得一提的是,NBR值变化大于500的增量和减量在周期内发生时间有明显不同。2016年以来,只有极少部分区域发生过NBR减量值大于500,这说明人类正在抑制这种大面积、大扰动性的土地利用形式,正逐步意识到环境保护的重要性。

整体来看,相同或邻近单元NBR减量发生的时间会明显早于NBR增量发生的时间,这也符合土地利用变化受迁移农业扰动的周期性变化规律,符合植被覆盖度先减少再增加的基本特征。同时,随着NBR减量的逐步增大,其提取的变化发生时间有提前的趋势。

第四节 ‖ 基于NBR识别的不同国家迁移农业扰动区空间信息

据分析,不同国家迁移农业表现特征存在着明显差异。基于此,本节将开展不同国家迁移农业扰动区土地利用信息变化的对比研究,以探讨区域迁移农业的不同干扰作用。

一、基于NBR增量识别的迁移农业扰动区面积研究

不同NBR变化幅度的土地利用像元数量(即面积)占区域总像元数量(总面积)的比例图能够很好地从数量上说明在研究区内不同国家行政范围内的不同强度的土地利用变化趋势特征。基于NBR增量的土地利用变化图说明,各个国家NBR增量范围从小到大的土地利用单元面积占比基本保持依次减少的趋势,即NBR增量越小,其面积占比越大(图4-2)。这与实际情况相符,较小的植被覆盖度增量往往需要更少的资源成本,其发生的概率也会相对更大。

具体到不同国家,其不同增量幅度的土地利用单元面积占比趋势略有不同。越南地区5种不同强度的土地利用单元面积占比差异最大,以

NBR增量在100—200区间为最大,面积占比超过30%,远比第二梯度200—300区间的18%大。缅甸地区不同NBR增量强度的面积占比相对更为集中,面积比例基本都在10%—22%区间范围内,而且其NBR增量区间大于500的土地利用单元面积要多于400—500区间的。老挝地区不同NBR增量强度的土地利用单元面积占比情况与越南地区类似,都是NBR增量在100—200区间远大于其他区间。泰国地区与中国地区在不同阶段的土地利用面积占比情况也比较接近。

将各增量区间的面积占比求和,得到研究识别的土地利用像元数量占区域像元总数量的占比,以此反映区域土地受迁移农业影响而发生土地植被覆盖度增加的概率。结果表明,中国地区土地植被覆盖度增加发生变化的概率最大,为76.38%,泰国、缅甸紧随其后,分别为75.87%、74.52%。越南、老挝的土地利用变化概率则较小,分别为66.40%、61.23%。

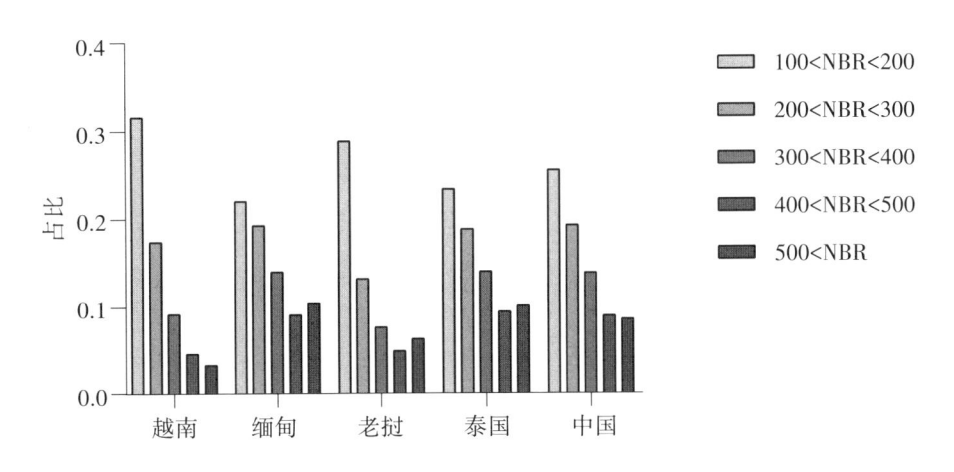

图4-2 不同NBR增量的土地像元数量占区域总像元数量比例图

二、基于NBR减量识别的迁移农业扰动区面积研究

基于NBR减量识别的迁移农业扰动区像元数量图说明,各个国家基于NBR减量的土地利用面积占比情况与NBR增量情况类似(图4-3),越南和老挝在各减量幅度上面积占比相对较为分散,缅甸、泰国、中国在各减量幅度上面积占比相对接近。同时在整体上保持减量值越大,面积占比越小的趋势。与NBR增量识别的土地利用面积占比情况有所不同的是,基于NBR减量计算整个区域的土地植被覆盖度减少的发生概率,最大是越南,高达83.29%,其次是泰国78.01%,缅甸和中国很接近,分别为71.23%和71.05%,发生概率最低的是老挝,为63.84%。

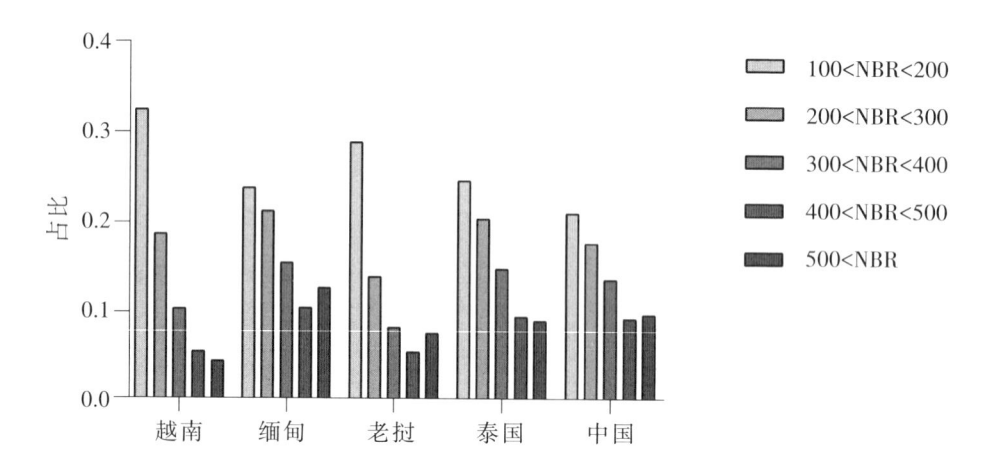

图4-3 不同NBR减量的土地像元数量占区域总像元数量比例图

第五节 ‖ 基于NBR识别的不同国家迁移农业扰动区土地利用变化时期

通过提取基于NBR识别的不同国家迁移农业扰动区土地利用的变化时期，能大致了解研究时间内不同国家土地利用变化发生的年份，进而分析不同国家土地利用变化的时间规律和周期性特征，有助于揭示区域土地利用变化特征。

一、基于NBR增量识别的不同国家迁移农业扰动区土地利用变化时期

了解NBR增量识别的不同国家迁移农业扰动区土地利用发生变化的年份，其目的是了解扰动区土地植被覆盖度增加发生的具体时间，分析土地利用变化发生的时间规律。为此，研究绘制了整个研究区迁移农业扰动区土地利用变化发生年份图（图4-4）。可以看到，研究区内各个国家迁移农业扰动区发生变化的趋势各有不同。中国的迁移农业扰动区变化无明显时间规律，发生变化面积最大的是在2006年，说明这一年

中国研究区内的土地植被得到了很好的恢复。缅甸的迁移农业扰动区变化主要呈现波段性特征,在2001—2004年变化较小,2005年和2006年变化较大,2007—2010年变化较小,2011年变化较大,2012—2013年变化较小,研究期末尾2014—2017年保持较大发生概率,与中国一样,其发生变化面积最大的时间也是2006年。越南除2001年、2006年、2007年、2011年变化面积较大以外,其他年份变化面积相对较小,在2014—2017年有所增加。泰国的迁移农业扰动区土地利用变化发生年份识别特征最为突出,2017年迁移农业扰动区面积变化远大于其他年份。其他年份变化较为稳定。除去2011年的异常点之外,老挝的迁移农业扰动区土地利用变化发生时间的特征最为规律,呈先增加、后减少再增加的趋势。

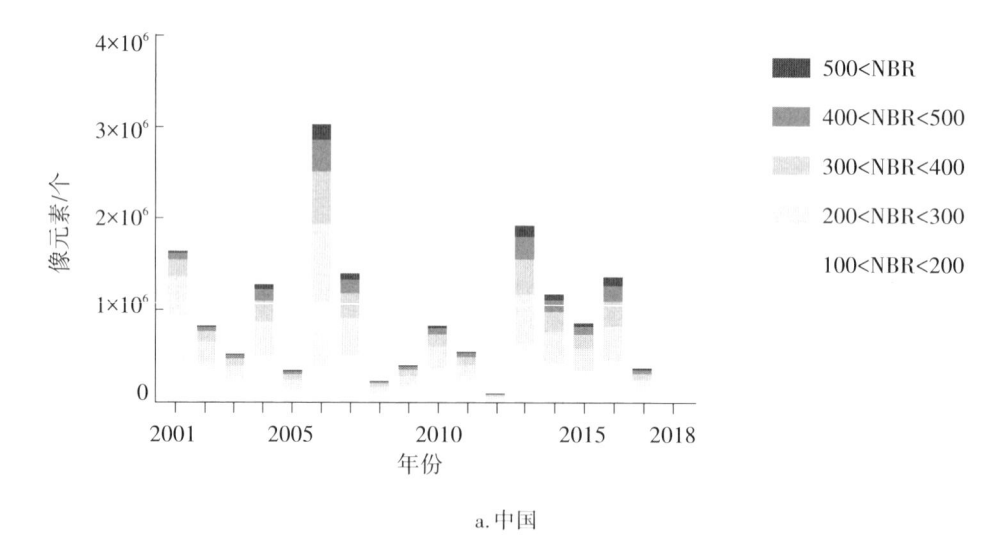

a. 中国

图4-4 基于NBR增量的不同国家土地利用变化发生年份图

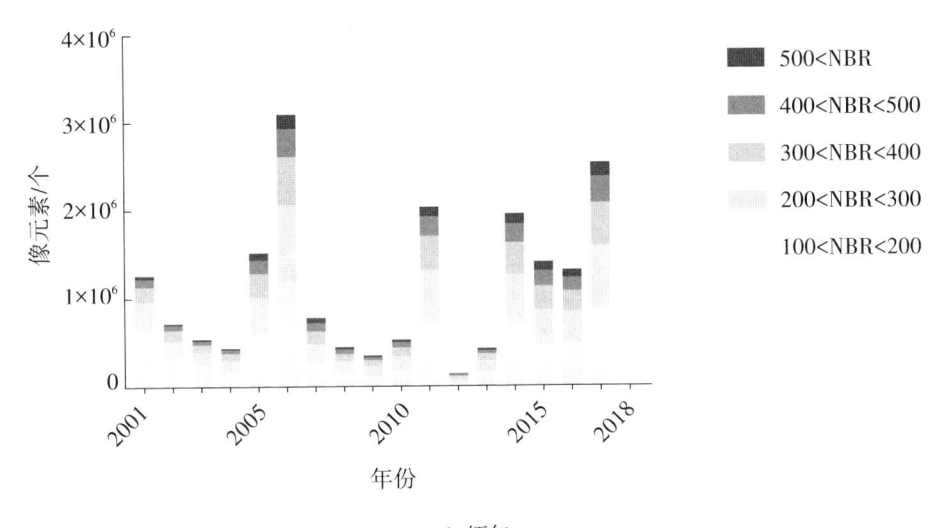

b. 缅甸

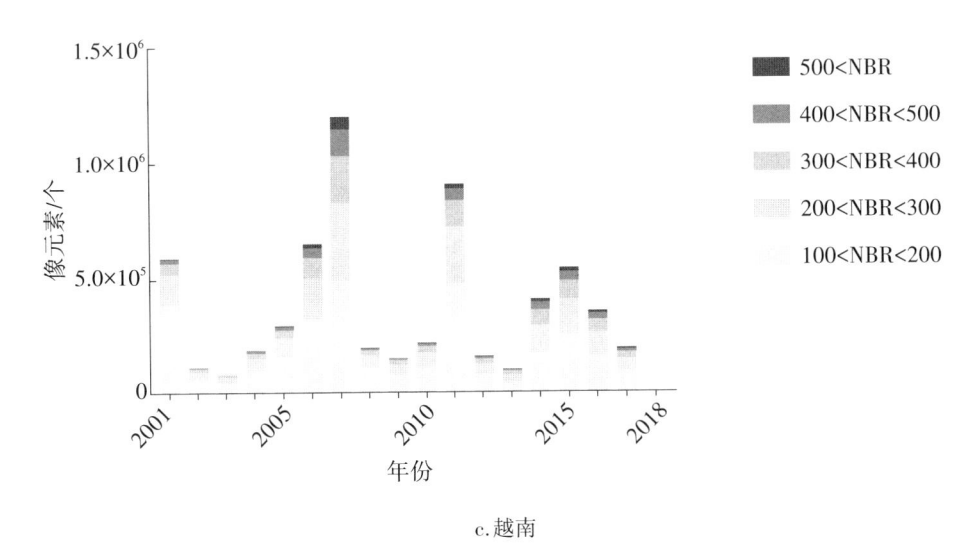

c. 越南

图4-4 基于NBR增量的不同国家土地利用变化发生年份图（续1）

d. 泰国

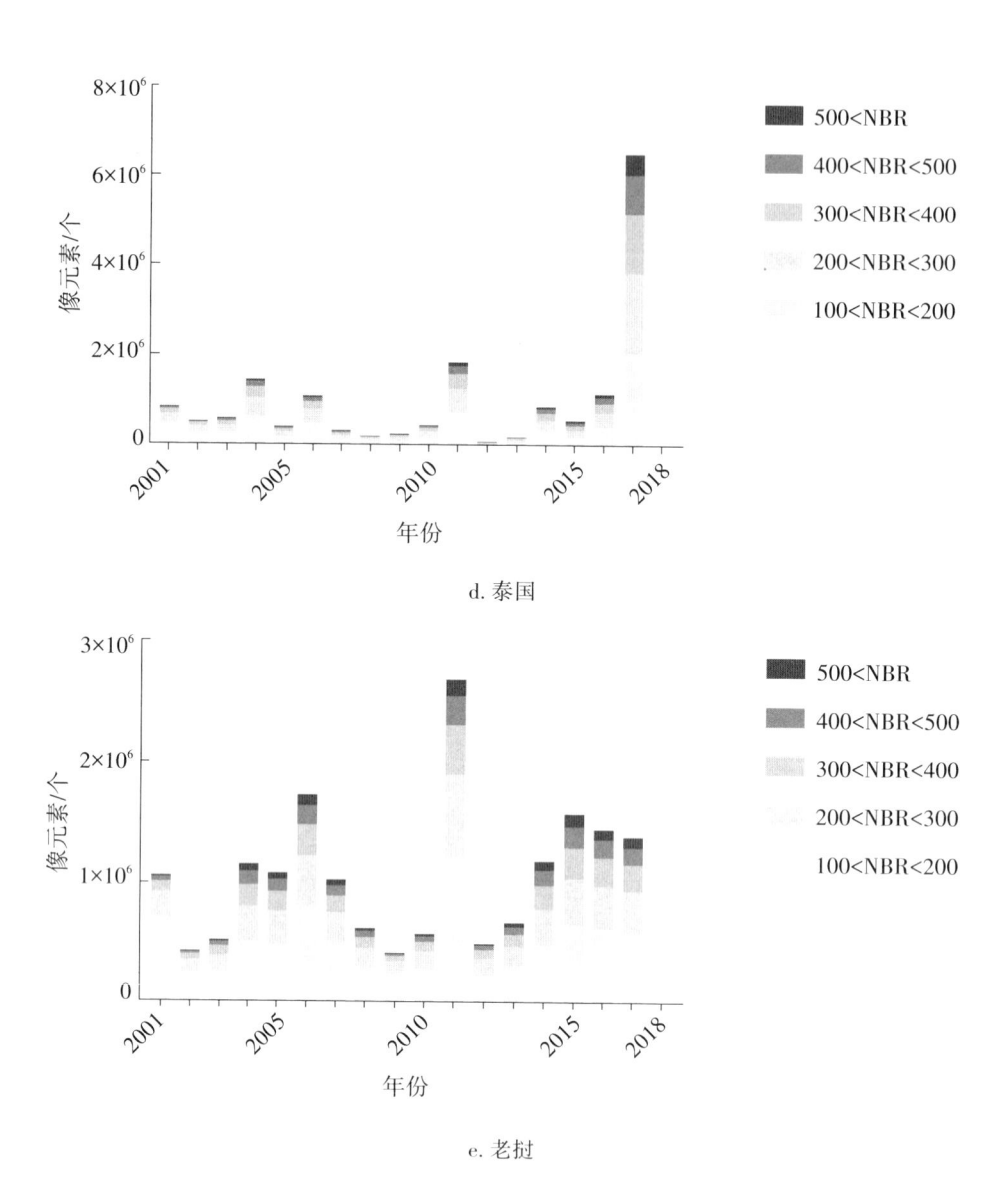

e. 老挝

图4-4 基于NBR增量的不同国家土地利用变化发生年份图(续2)

f. 整个研究区

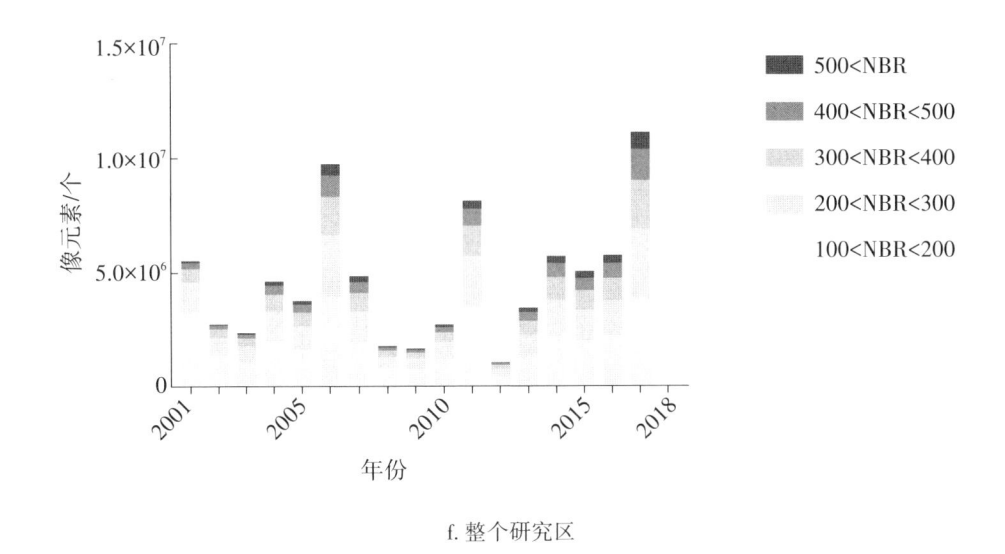

图4-4　基于NBR增量的不同国家土地利用变化发生年份图（续3）

整个研究区迁移农业扰动区变化面积最大的发生时间是在2017年，其次是2006年，而2008年、2009年和2012年相对较低。由于植被增加是缓慢的过程，2018年整个研究区迁移农业扰动区变化面积不明显。

二、基于NBR减量识别的不同国家迁移农业扰动区土地利用变化时期

研究基于NBR减量识别的不同国家迁移农业扰动区土地利用发生变化的年份，主要是为了了解不同国家土地植被覆盖度发生大量减少的具体时间，分析土地植被在研究周期内的受扰动情况（图4-5）。中国的迁移农业扰动区面积随着时间整体呈下降趋势，但2005年和2012年有异常情况，对应2006年和2013年NBR增量值的异常特征，说明在中国研

究区内土地利用发生了较大变化,对植被覆盖度造成了较大损失而后又有所恢复。缅甸的迁移农业扰动区仅在2001年变化较大,其余年份相对平缓,尤其在2006—2008年及2017年值较小。越南的迁移农业扰动区面积随着时间推移,有逐步增加的趋势,当达到一定值会出现骤减,然后又逐步增加,在2014—2018年内变化稳定。泰国的迁移农业扰动区面积在2001年、2015年及2016年变化较大,其余年份较小,2017年为最小值。老挝基于NBR减量识别的迁移农业扰动区面积与增量情况一致,为整个研究区最稳定的地方,2010年为NBR减量识别的迁移农业扰动区异常点,对应其2011年的NBR增量迁移农业扰动区异常点。

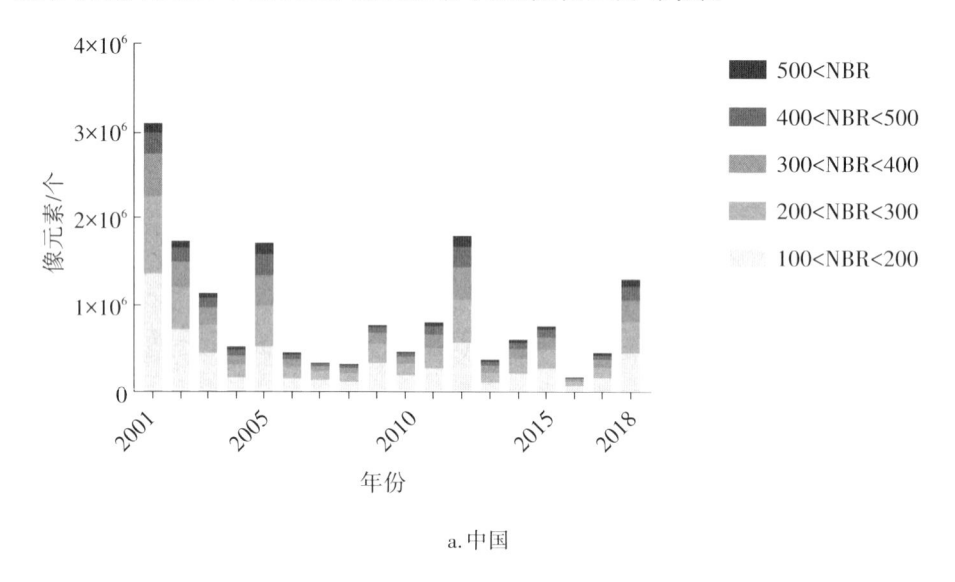

a. 中国

图4-5 基于NBR减量的不同国家土地利用变化发生年份图

b. 缅甸

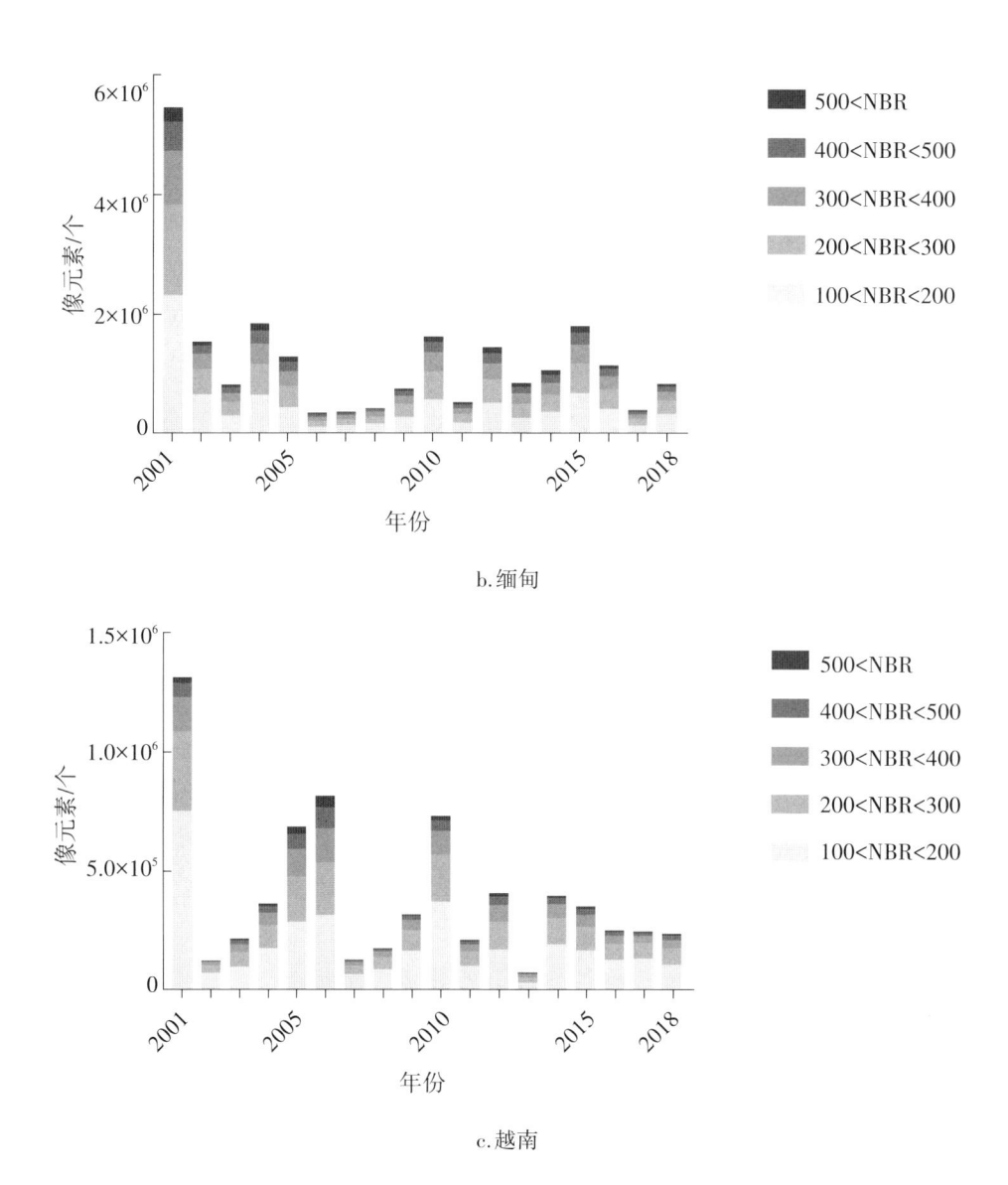

c. 越南

图 4-5 基于 NBR 减量的不同国家土地利用变化发生年份图（续1）

d. 泰国

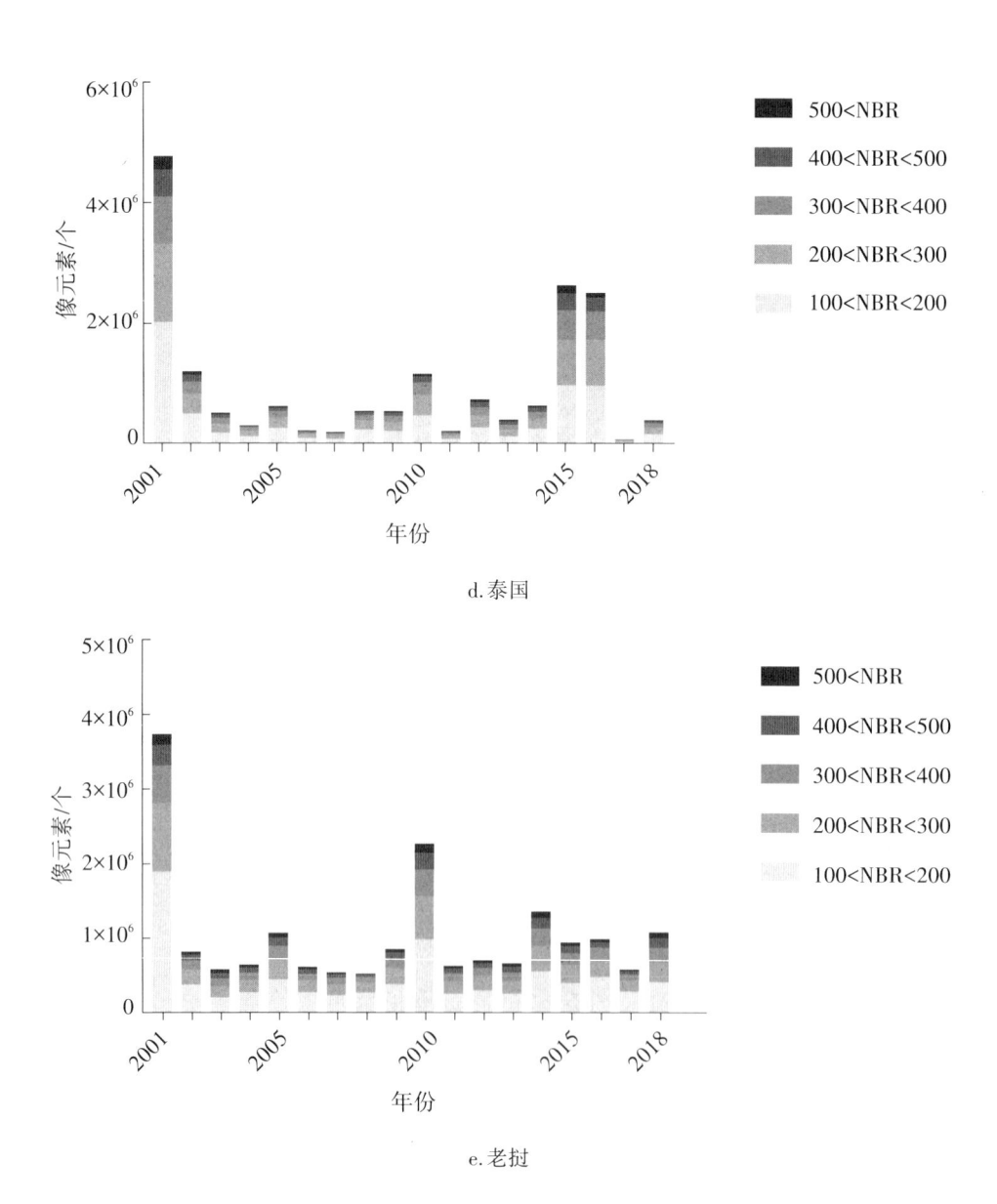

e. 老挝

图 4-5　基于 NBR 减量的不同国家土地利用变化发生年份图（续 2）

f. 整个研究区

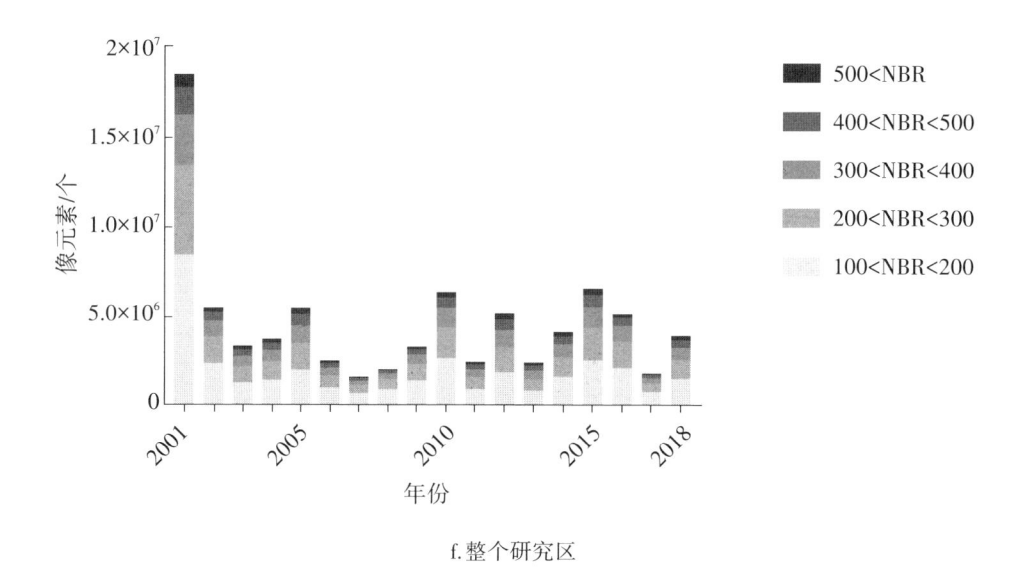

图4-5 基于NBR减量的不同国家土地利用变化发生年份图(续3)

从整个研究区来看,基于NBR减量识别的迁移农业扰动区受扰动变化面积最大的时间在2001年,随后每4年土地利用变化面积相对接近,2010年之后迁移农业扰动区面积变化开始呈上下波动趋势,无明显特征规律。

第六节 ‖ 迁移农业对迁移农业扰动区土地利用扰动关系分析

一、迁移农业与迁移农业扰动区的空间特征关系

为了了解迁移农业对迁移农业扰动区的干扰作用,研究从基于NBR表征的不同土地利用变化强度的迁移农业扰动区分别抽取面积较大的8 000个土地利用单元,通过分析其与迁移农业区的空间距离关系,来推断迁移农业对迁移农业扰动区的干扰作用随距离变化而呈现的特征。

不同NBR变化值识别的迁移农业扰动区与迁移农业区距离存在着明显的空间关系规律(图4-6)。NBR值变化区间在100—200的迁移农业扰动区,其与迁移农业区的距离最为离散,其距离中位数值为66.2 m;NBR值变化区间在200—300的迁移农业扰动区情况也较为接近,其距离中位数值为62.8 m;当NBR值变化超过300以后,迁移农业扰动区与迁移农业区的距离明显缩短。计算得到NBR值变化区间在300—400、400—500以及大于500的迁移农业扰动区与迁移农业区的距离中位数值分别为50.1 m、40.5 m和23.7 m,已经达到了接近接壤的程度。

整体来看,迁移农业扰动区受迁移农业扰动的程度随彼此距离增大而明显减弱,绝大多数迁移农业扰动区与迁移农业区的距离不超过100 m。这一方面说明迁移农业对迁移农业扰动区的强干扰作用,另一方面也说明即使迁移农业对土地利用变化扰动十分剧烈,但作为一种原始又粗放的土地利用方式,其扰动半径并不大。未来人们在遏制生态环境恶化、促进土地可持续利用的进程中,可着重加强对迁移农业及其周边土地的管控,这是一种可预见的有力途径。

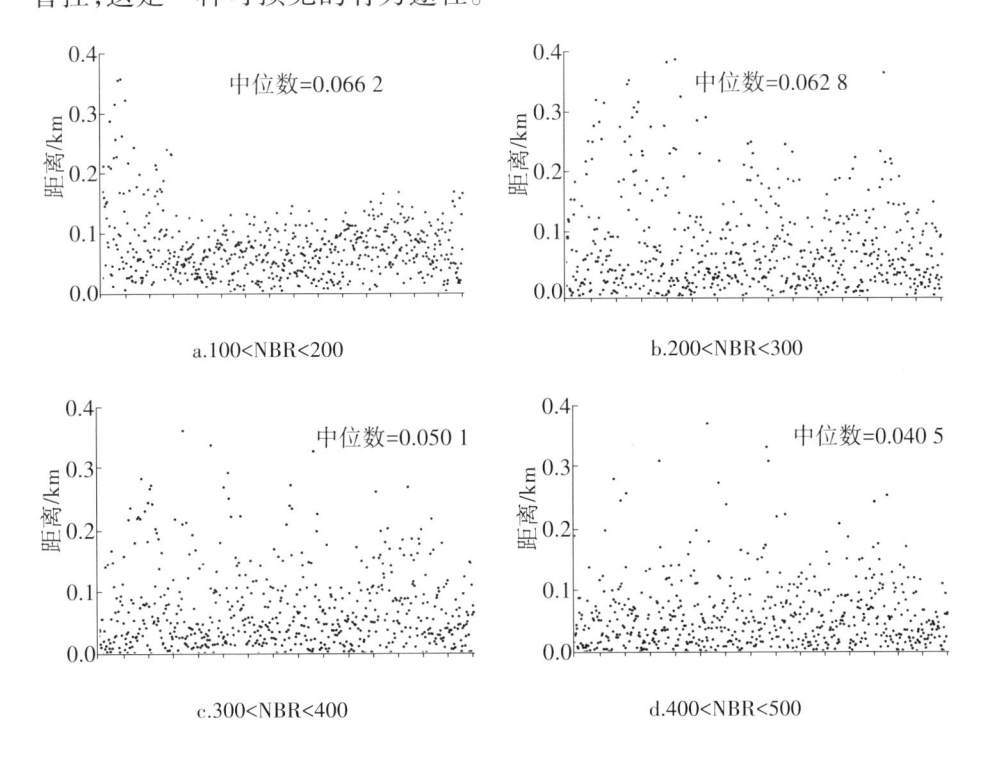

a. 100<NBR<200 中位数=0.066 2

b. 200<NBR<300 中位数=0.062 8

c. 300<NBR<400 中位数=0.050 1

d. 400<NBR<500 中位数=0.040 5

图4-6 不同变化强度的迁移农业扰动区与迁移农业区的距离关系

迁移农业对区域土地利用的扰动影响研究

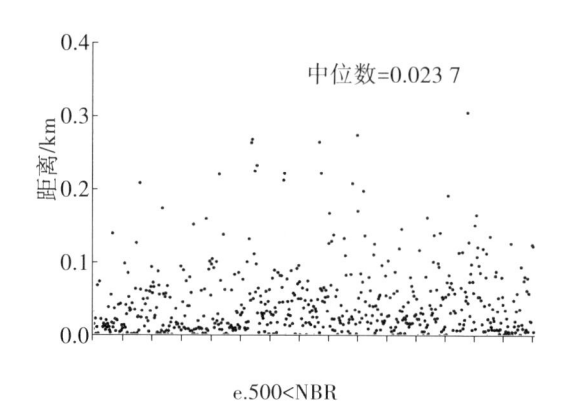

e.500<NBR

图 4-6　不同变化强度的迁移农业扰动区与迁移农业区的距离关系（续）

二、迁移农业发生时期与扰动区土地利用变化发生时期的关系

根据前述研究,已识别了迁移农业发生时期和迁移农业扰动区土地利用变化的发生时期,为了进一步了解二者在土地利用变化发生时期的相互关系,将同一年份内迁移农业区面积与迁移农业扰动区面积绘制成图,通过比对不同年份的迁移农业区面积与迁移农业扰动区面积,分析迁移农业对迁移农业扰动区的促进或抑制作用。

不同年份迁移农业区和迁移农业扰动区的面积图说明,就整个研究区而言,除2001年较大外,迁移农业扰动区面积在其余年份呈波浪震荡的趋势,整体与前述迁移农业区面积变化特征近似。迁移农业区同样存在着某一年份大量发生,随后由于迁移农业活动的减弱,迁移农业扰动区受干扰减少,面积呈逐步减少的趋势（图 4-7）。

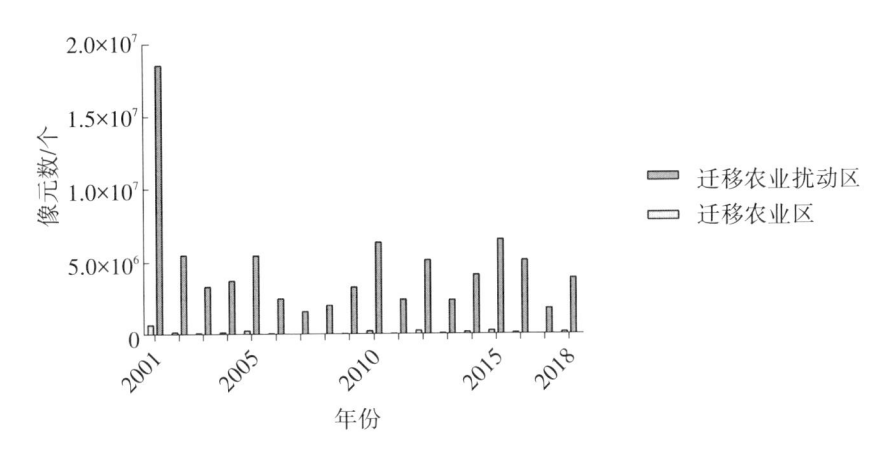

图4-7 不同年份迁移农业区与迁移农业扰动区面积

考虑到不同年份迁移农业区和迁移农业干扰区面积在数量等级上有较大差距，为了从趋势上耦合迁移农业区和迁移农业扰动区的面积变化，对两组数据进行相关性分析，发现其在 $P=0.01$ 水平上显著相关，Pearson 相关性为 0.962。由两组数据 Z-Score 标准化之后绘制的不同年份迁移农业区与迁移农业扰动区面积也更为直观地说明了迁移农业区和迁移农业扰动区的相关性（图4-8）。

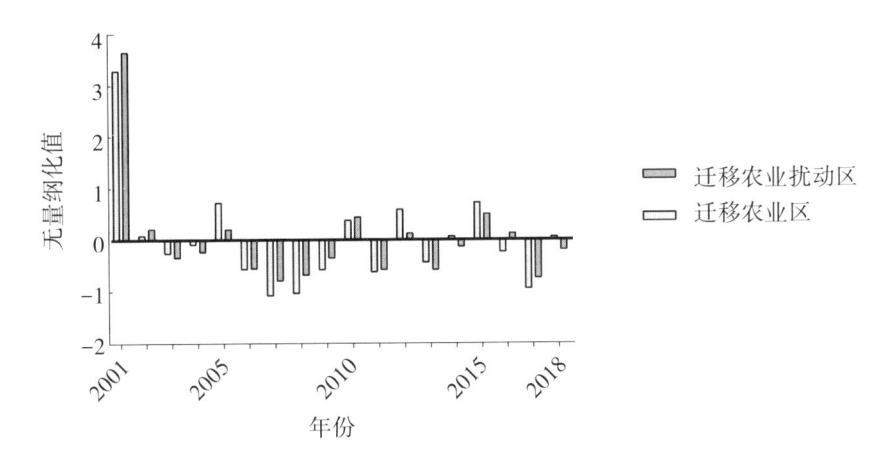

图4-8 标准化的不同年份迁移农业区与迁移农业扰动区面积

第五章

研究结论与展望

第一节 研究结论与成果

迁移农业作为一种古老又原始的耕作方式,其对土地利用变化的影响不言而喻。在迁移农业过程中,森林的砍伐和焚烧会造成森林退化,是对土地利用变化最直接的作用方式,而随之带来了大量营养物质流失、土壤生物群落丧失、大气污染和重金属污染等生态环境问题,也间接地影响着土地利用变化。可以说,迁移农业是区域土地利用变化的重要一环,其对土地利用变化具有很强的、不可忽视的干扰作用。基于此,探讨迁移农业对区域土地利用变化的扰动影响研究,对指导迁移农业区土地利用具有重要意义。本节以中越老泰缅交界区为例,结合土地科学、景观生态学、遥感科学以及环境保护科学等多学科的知识和技术,深入剖析了迁移农业对区域土地利用的扰动影响。通过研究,得出以下结论。

1.迁移农业区的识别及其空间特征规律

迁移农业区的识别主要是以 Google Earth Engine 平台,调用 LandTrendr 算法,在完善其参数设置和代码调试之后,通过不同植被指数实现对单一像元的土地覆被度监测,并对其变化趋势进行数学模型模拟,最终利用理论模型的阈值和拐点,实现对迁移农业区的识别。在实际操作中,基于归一化燃烧指数(NBR)的迁移农业识别效果要明显优于归一化植被指数(NDVI)。

就中越老泰缅交界区而言,迁移农业广泛存在,研究区内以中部、西部地区为主,东北部、东部地区相对较少。迁移农业的分布存在着明显的空间集聚性,频繁发生迁移农业行为的区域相对集中,这与人类活动范围的有限性和当地传统耕作习俗有关。从迁移农业发生时间的研究来看,迁移农业不仅仅在空间集聚,其发生时间也存在着明显的连贯性。邻近区域迁移农业发生的时间往往相对接近。研究区内迁移农业发生的时间并没有特别明显的规律,各个地区各个时间段皆有迁移农业发生。在整个研究周期内,研究区内迁移农业区发生面积较大,但除部分年份迁移农业变化面积突出以外,整体相对较为平缓,呈现缓增缓减的趋势。而从迁移农业植被恢复过程来看,多数迁移农业区的恢复周期在7年内,不同恢复周期的迁移农业区数量随着周期加长呈逐渐减少的趋势。

不同国家的迁移农业行为表现上也有所不同,迁移农业活动最为剧烈的是缅甸地区,就单一土地利用单元而言,在研究周期内(2000—2018年)有近13%的概率发生迁移农业活动;而后是泰国地区,其迁移农业发生概率接近9%;老挝地区的迁移农业发生概率接近8%;中国地区发生迁移农业的概率约为7.5%;越南地区迁移农业发生概率最小,只有5%左右,迁移农业活动并不剧烈。不同国家迁移农业的发生时间也存在着差异,中国地区除部分年份异常增大之外,整体变化较为平均,而随着时间的推移,并没有呈现出逐步减弱的趋势,而是呈周期性规律,周期大致在5—7年。缅甸地区的迁移农业区变化非常平缓,除了迁移农业变化面积在2001年出现异常值,后续年份的面积变化稳定。越南地区迁移农业面积变化存在着3个明显的波段特征,从2001—2006年逐步增大,到2007年锐减后缓增至2010年,2010—2018年逐步减小,整体强度有逐步减弱的趋势。泰国地区迁移农业的识别结果与中国相似,都是由较大迁移农业变化面积、较小迁移农业变化面积组合而呈现周期性规律。老挝地区迁移农业变化面积变化特征明显,各年份迁移农业发生面积接近,随着时间的推移,呈锯齿形上下波动,但整体有逐步衰弱的趋势。各个国家迁移农业的发生面积随着时间推移有各自不同的特征,随着人们生态环境保护观念的加深,整体并没有出现预期的逐步摒弃迁移农业的趋势。

2. 迁移农业对区域土地利用的扰动影响

就迁移农业自身而言,除部分年份迁移农业变化面积突出以外,整体相对较为平缓,呈现缓增缓减的趋势。但迁移农业区面积的研究说明其往往存在着某一年份大量增加,随后几年迁移农业发生面积就会变少的情况,变化面积较大的年份是在2001年、2003年和2010年,其他年份相对小很多。整体趋势上迁移农业发生面积有逐步减少的趋势,这也与区域经济发展以及人类逐渐摒弃迁移农业这一传统劳作方式相符合。

就迁移农业扰动区而言,受扰动程度不同的区域在空间上差异较大。受扰动程度相对较弱的土地利用斑块分布散乱,空间分布无明显特征。而随着土地利用变化受扰动程度逐步增加,其土地利用斑块分布开始变得更为均衡。当迁移农业扰动区受扰动程度达到一定水平时,土地利用斑块开始出现沿山谷呈带状轮廓的空间分布特征,这种规律性特征会随着受扰动程度的增强而越发明显。也就是说,随着迁移农业扰动区受扰动程度增大,其呈现的变化特征越规律。在整个研究周期内,无论是受迁移农业影响导致的土地植被覆盖度增加还是减少,都很大程度发生在类似区域,说明易发生土地利用变化的区域总是与极易发生土地利用变化的区域聚集,呈空间聚集特征。

第二节 研究创新点

研究创新点主要集中于：

(1)迁移农业区识别的方法。迁移农业对全球环境有不可忽视的影响，针对其的研究也越来越多，而由于其变化的无序性和高频性，做到实时监测一直是相关研究的难题。本书基于GEE平台，借助LandTrendr算法，通过利用植被指数对土地利用单元的植被覆盖度变化进行全面监测，进而拟合迁移农业植被覆盖变化趋势，实现了对迁移农业区的识别。

(2)迁移农业对区域土地利用的扰动影响的揭示。关于土地利用变化的研究并不缺乏，但相较于传统的土地利用变化驱动力研究，本书从区域迁移农业行为入手，通过分析迁移农业对扰动区土地利用的扰动影响，并以研究区内各个国家的不同表现结果为依托，揭示迁移农业对土地利用变化的影响。

第三节 ‖ 需要进一步深入研究和解决的问题

无论是迁移农业,还是何种土地利用方式,其本质都是人类活动对土地资源的开发和利用,是关系自然环境、社会环境、人类生存的多因素多系统的综合性课题。本书实现了对迁移农业的识别及其对土地利用变化影响的探讨,但更多的是基于土地自身,从"历史上"寻求对土地利用变化过程的说明和解释,对更深层次的跨学科的科学问题未能进行深入讨论。受自身综合知识水平和精力限制,研究中的观点难免存在一定缺失和不足,许多问题仍有待进一步研究。

基于此研究思路,还有以下内容需要进一步完善和探索:

(1)完成了对迁移农业过程的识别,并实现了空间上的精准定位,也基于植被覆盖度对迁移农业恢复时间进行了大致了解,但缺乏对不同迁移农业类型土地的分类讨论。就迁移农业自身而言,不同土地利用转移方向,说明受不同的驱动力影响,其对生态环境的影响不同。通过对迁移农业土地利用方式转移方向的具体识别,既能分析不同作物在相同区域的表现形式,又能分析相同作物在不同区域的呈现状态,可进而实现对区域土地利用变化走势的预测。

(2)未深入剖析迁移农业对土地利用变化的扰动作用。对迁移农业扰动力的研究,更多是针对其周边的土地利用变化而言的,是由"因"到"果"的过程,但是对迁移农业是如何影响土地利用变化的,有何种影响、影响有多深等问题缺乏深入了解。未来应在迁移农业扰动区识别的基础上,更为细致地探索二者的互动机理。

主要参考文献

[1] RAMBO A T. Shifting Agriculture in Asia: Implications for Environmental ConServation and Sustainable Livelihood[J]. Mountain Research and Development, 2010, 30(1): 56-57.

[2] MCGUIRE A D, SITCH S, CLEIN J S, et al. Carbon balance of the terrestrial biosphere in the twentieth century: Analyses of CO_2, climate and land use effects with four process-based ecosystem models[J]. Global Biogeochemical Cycles, 2001, 15(1): 183-206.

[3] POPP A, CALVIN K, FUJIMORI S, et al. Land-use futures in the shared socio-economic pathways[J]. Global Environmental Change, 2017, 42: 331-345.

[4] ZIEGLER A D, PHELPS J, JIA Q Y, et al. Carbon outcomes of major land-cover transitions in SE Asia: great uncertainties and REDD+ policy im-

plications[J]. Global Change Biology,2012,18(10):3087-3099.

[5]BÉLIVEAU A,LUCOTTE M,DAVIDSON R,et al. Early Hg mobility in cultivated tropical soils one year after slash-and-burn of the primary forest, in the Brazilian Amazon[J]. Science of the Total Environment,2009, 407(15):4480-4489.

[6]TURNER B L,SKOLE D L,SANDERSON S,et al. Land-use and Land-cover change. Science/research plan[J]. Global Change Report,1996, (35):108-123.

[7]BRYAN B A,GAO L,YE Y Q,et al. China's response to a national land-system sustainability emergency [J]. Nature, 2018, 559 (7713): 193-204.

[8] D'AMOUR C B, REITSMA F, BAIOCCHI G, et al. Future urban land expansion and implications for global croplands[J]. Proceedings of the National Academy of Sciences of the United States of America, 2017, 114 (34):8939-8944.

[9]FRIIS C, NIELSEN JØ. Small-scale land acquisitions, large-scale implications: Exploring the case of Chinese banana investments in Northern Laos[J]. Land Use Policy,2016,57:117-129.

[10]MARGULES C R, PRESSEY R L. Systematic conservation planning[J]. Nature,2000,405(6783):243-253.

[11]BIGLER C, KULAKOWSKI D, Veblen T T. Multiple disturbance interactions and drought influence fire severity in rocky mountain subalpine forests[J]. Ecology, 2005, 86(11):3018-3029.

[12] Conklin H C. SECTION OF ANTHROPOLOGY: AN ETHNOECOLOGICAL APPROACH TO SHIFTING AGRICULTURE [J]. Transactions of the New York Academy of Sciences, 1954, 17(2 Series II): 133-142.

[13]HETT C, CASTELLA J C, HEINIMANN A, et al. A landscape mosaics approach for characterizing swidden systems from a REDD+ perspective [J].Applied Geography, 2012, 32(2):608-618.

[14]VAN DER WERF G R, MORTON D C, DEFRIES R S, et al. CO_2 emissions from forest loss[J]. Nature Geoscience, 2009, 2:737-738.

[15]DUMOND D E. Swidden Agriculture and the Rise of Maya Civilization[J]. Southwestern Journal of Anthropology, 1961, 17(4):301-316.

[16] MARANGUIT D, GUILLAUME T, KUZYAKOV Y. Land-use change affects phosphorus fractions in highly weathered tropical soils[J]. Catena, 2017, 149:385-393.

[17]TRAN D X, PLA F, LATORRE-CARMONA P, et al. Characterizing the relationship between land use land cover change and land surface temperature[J]. Isprs Journal of Photogrammetry and Remote Sensing, 2017, 124:119-132.

[18] FULLER D O. Tropical forest monitoring and remote sensing: A new era of transparency in forest governance?[J]. Singapore Journal of Tropical Geography, 2006, 27(1): 15-29.

[19] KALNAY E, CAI M. Impact of urbanization and land-use change on climate[J]. Nature, 2003, 423(6939): 528-531.

[20] CHIDUMAYO E N. A shifting cultivation land-use system under population pressure in Zambia[J]. Agroforestry Systems, 1987, 5(1): 15-25.

[21] SULISTYAWATI E, NOBLE I R, RODERICK M L. A simulation model to study land use strategies in swidden agriculture systems[J]. Agricultural Systems, 2005, 85(3): 271-288.

[22] TAUBERT F, FISCHER R, GROENEVELD J, et al. Global patterns of tropical forest fragmentation[J]. Nature, 2018, 554(7693): 519-522.

[23] GEIST H J, LAMBIN E F. What drives tropical deforestation?[C]. Brussels: LUCC International Project Office, 2001.

[24] FOX J, VOGLER J B. Land-use and land-cover change in montane mainland southeast Asia[J]. Environmental Management, 2005, 36(3): 394-403.

[25] FOX J, VOGLER J B, SEN OL, et al. Simulating Land-Cover Change in Montane Mainland Southeast Asia[J]. Environmental Management, 2012, 49(5): 968-979.

[26] ABDULKAREEM J H, PRADHAN B, SULAIMAN W N A, et al.

Prediction of spatial soil loss impacted by long-term land-use/land-cover change in a tropical watershed[J]. Geoscience Frontiers, 2019, 10(2): 389-403.

[27]SILVA J M N, CADIMA J F C L, PEREIRA J M C, et al. Assessing the feasibility of a global model for multi-temporal burned area mapping using SPOT-VEGETATION data[J]. International Journal of Remote Sensing, 2004, 25(22): 4889-4913.

[28]ROGAN J, YOOL S R. Mapping fire-induced vegetation depletion in the Peloncillo Mountains, Arizona and New Mexico[J]. International Journal of Remote Sensing, 2001, 22(16): 3101-3121.

[29]ROSSI J P, CELINI L, MORA P, et al. Decreasing fallow duration in tropical slash-and-burn agriculture alters soil macro invertebrate diversity: A case study in southern French Guiana[J]. Agriculture, Ecosystems & Environment, 2010, 135(1-2): 148-154.

[30]JAKOBSEN J, RASMUSSEN K, LEISZ S, et al. The effects of land tenure policy on rural livelihoods and food sufficiency in the upland village of Que, North Central Vietnam[J]. Agricultural Systems, 2007, 94(2): 309-319.

[31]ALEGRE J C, CASSEL D K. Dynamics of soil physical properties under alternative systems to slash-and-burn[J]. Agriculture, Ecosystems & Environment, 1996, 58(1): 39-48.

［32］EPTING J, VERBYLA D, SORBEL B. Evaluation of remotely sensed indices for assessing burn severity in interior Alaska using Landsat TM and ETM+［J］. Remote Sensing of Environment, 2005, 96（3-4）: 328-339.

［33］HURNI K, HETT C, HEINIMANN A, et al. Dynamics of Shifting Cultivation Landscapes in Northern Lao PDR Between 2000 and 2009 Based on an Analysis of MODIS Time Series and Landsat Images［J］. Human Ecology, 2013, 41（1）: 21-36.

［34］SHIMIZU K, OTA T, MIZOUE N, et al. Patch-Based Assessments of Shifting Cultivation Detected by Landsat Time Series Images in Myanmar［J］. Sustainability, 2018, 10（9）: 3350.

［35］KENNEDY R E, YANG Z Q, GORELICK N, et al. Implementation of the LandTrendr Algorithm on Google Earth Engine［J/OL］. Remote Sensing, 2018, 10（5）: 691［2022-01-31］.https://www.mdpi.com/2072-4292/10/5/691.

［36］VERCHOT L V, DAVIDSON E A, CATTANIO J H, et al. Land-Use Change and Biogeochemical Controls of Methane Fluxes in Soils of Eastern Amazonia［J］. Ecosystems, 2000, 3（1）: 41-56.

［37］INOUE M . Mechanism of changes in the Kenyah's swidden system: explanation in terms of agricultural intensification theory［J］. Rainforest Ecosystems of East Kalimantan, 2000, 167-184.

[38] VAN NOORDWIJK M, MULYOUTAMI E, SAKUNTALADEWI N, et al. Swiddens in transition: shifted perceptions on shifting cultivators in Indonesia[M].ICRAF Southeast Asia Regional Office, 2008.

[39] VAN VLIET N, MERTZ O, HEINIMANN A, et al. Trends, drivers and impacts of changes in swidden cultivation in tropical forest-agriculture frontiers: A global assessment[J]. Global Environmental Change, 2012, 22(2):418-429.

[40] VAN VLIET N, MERTZ O, BIRCH-THOMSEN T, et al. Is there a continuing rationale for swidden cultivation in the 21st century?[J]. Human Ecology, 2013, 41:1-5.

[41] RAMANKUTTY N, FOLEY J A. Estimating historical changes in global land cover: Croplands from 1700 to 1992[J]. Global Biogeochemical Cycles, 1999, 13(4):997-1027.

[42] BRADY N C. Alternatives to slash-and-burn: a global imperative[J]. Agriculture, Ecosystems & Environment, 1996, 58(1):3-11.

[43] MERTZ O, PADOCH C, FOX J, et al. Swidden change in Southeast Asia: Understanding Causes and Consequences[J]. Human Ecology, 2009, 37:259-264.

[44] MERTZ O. Trends in shifting cultivation and the REDD mechanism[J].Current Opinion in Environmental Sustainability, 2009, 1(2):156-160.

[45] TINKER P B, INGRAM J S I, STRUWE S. Effects of slash-and-

burn agriculture and deforestation on climate change[J]. Agriculture, Ecosystems & Environment,1996,58(1):13-22.

[46]BORRELLI P, ROBINSON D A, FLEISCHER L R, et al. An assessment of the global impact of 21st century land use change on soil erosion[J]. Nature Communications,2017,8(1):1-13.

[47]CURTIS P G,SLAY C M,HARRIS N L,et al. Classifying drivers of global forest loss[J]. Science,2018,361(6407):1108-1111.

[48]KLEINMAN P J A., PIMENTEL D, BRYANT R B. The ecological sustainability of slash-and-burn agriculture[J]. Agriculture, Ecosystems & Environment,1995,52(2-3):235-249.

[49]GAO P, NIU X, WANG B, et al. Land use changes and its driving forces in hilly ecological restoration area based on gis and rs of northern china[J/OL]. Scientific Reports, 2015, 5(1): 11038[2022-01-01].https://www.nature.com/articles/srep11038.

[50]LI P,FENG Z M,JIANG L G,et al. A Review of Swidden Agriculture in Southeast Asia[J]. Remote Sensing,2014,6(2):1654-1683.

[51]LI P,FENG Z M. Extent and Area of Swidden in Montane Mainland Southeast Asia: Estimation by Multi-step Thresholds with Landsat-8 OLI Data[J/OL]. Remote Sensing,2016,8(1):44[2022-01-02].https://doi.org/10.3390/rs8010044.

[52]POTAPOV P,HANSEN M C,LAESTADIUS L,et al. The last fron-

tiers of wilderness: Tracking loss of intact forest landscapes from 2000 to 2013 [J/OL]. Science Advances, 2017, 3(1): e1600821[2022-01-01]. https://www.ncbi.nlm.nih.gov/pmc/articles/PMC5235335/.

[53]HOUGHTON R A, NASSIKAS A A. Global and regional fluxes of carbon from land use and land cover change 1850-2015[J]. Global Biogeochemical Cycles, 2017, 31(3): 456-472.

[54]KANG S Z, HAO X M, DU T S, et al. Improving agricultural water productivity to ensure food security in China under changing environment: From research to practice[J]. Agricultural Water Management, 2017, 179: 5-17.

[55]FUJIKI S, OKADA K I, NISHIO S, et al. Estimation of the stand ages of tropical secondary forests after shifting cultivation based on the combination of WorldView-2 and time-series Landsat images[J]. ISPRS Journal of Photogrammetry and Remote Sensing, 2016, 119: 280-293.

[56]SENEVIRATNE S I, PHIPPS S J, PITMAN A J, et al. Land radiative management as contributor to regional-scale climate adaptation and mitigation[J]. Nature Geoscience, 2018, 11(2): 88-96.

[57]NEWBOLD T, HUDSON L N, HILL S L L, et al. Global effects of land use on local terrestrial biodiversity[J]. Nature, 2015, 520(7545): 45-50.

[58]MYLLYNTAUS T, HARES M, KUNNAS J. Sustainability in Dan-

ger? Slash-and-Burn Cultivation in Nineteenth-Century Finland and Twentieth-Century Southeast Asia[J]. Environmental History, 2002, 7(2): 267-302.

[59] TRAN D V, LEISZ S J, NGUYEN T L, et al. Using Traditional Swidden Agriculture to Enhance Rural Livelihoods in Vietnam's Uplands[J]. Mountain Research & Development, 2006, 26(3):192-196.

[60] VIJAY V, PIMM S L, JENKINS C N, et al. The Impacts of Oil Palm on Recent Deforestation and Biodiversity Loss [J/OL]. Plos One, 2016, 11 (7): e0159668 [2022-01-01]. https://www.ncbi.nlm.nih.gov/pmc/articles/PMC4963098/.

[61] CHI V K, VAN ROMPAEY A, GOVERS G, et al. Land Transitions in Northwest Vietnam: An Integrated Analysis of Biophysical and Socio-Cultural Factors[J]. Human Ecology, 2013, 41(1):37-50.

[62] RODER W, PHENGCHANH S, MANIPHONE S. Dynamics of soil and vegetation during crop and fallow period in slash-and-burn fields of northern Laos[J]. Geoderma, 1997, 76(1-2):131-144.

[63] SUNDERLIN W D, ANGELSEN A, BELCHER B, et al. Livelihoods, forests, and conservation in developing countries: An Overview [J]. World Development, 2005, 33(9):1383-1402.

[64] DRESSLER W, PULHIN J. The shifting ground of swidden agriculture on Palawan Island, the Philippines[J]. Agriculture and Human Values,

2010,27(4):445-459.

[65]XIAO X M,BIRADAR C,WANG A,et al. Recovery of vegetation canopy after severe fire in 2000 at the Black Hills National Forest,South Dakota,USA[J]. Journal of Resources and Ecology,2011,2(2):106-116.

[66]XU H,BROWN D G,STEINER A L. Sensitivity to climate change of land use and management patterns optimized for efficient mitigation of nutrient pollution[J]. Climatic Change,2018,147(3):647-662.

[67]INOUE Y,KIYONO Y,ASAI H,et al. Assessing land-use and carbon stock in slash-and-burn ecosystems in tropical mountain of Laos based on time-series satellite images[J]. International Journal of Applied Earth Observation and Geoinformation,2010,12(4):287-297.

[68]陈玲,贾佳,王海庆.高分遥感在自然资源调查中的应用综述[J].国土资源遥感,2019,31(1):1-7.

[69]陈士银,周飞,吴雪彪.基于绩效模型的区域土地利用可持续性评价[J].农业工程学报,2009,25(6):249-253.

[70]陈万旭,李江风,曾杰,等.中国土地利用变化生态环境效应的空间分异性与形成机理[J].地理研究,2019,38(9):2173-2187.

[71]丁易,臧润国.海南岛霸王岭热带低地雨林植被恢复动态[J].植物生态学报,2011,35(5):577-586.

[72]傅伯杰,张立伟.土地利用变化与生态系统服务:概念、方法与进展[J].地理科学进展,2014,33(4):441-446.

[73]李洛晞,沈润平,李鑫慧,等.基于MODIS时间序列森林扰动监测指数比较研究[J].遥感技术与应用,2016,31(6):1083-1090.

[74]李平,李秀彬,刘学军.我国现阶段土地利用变化驱动力的宏观分析[J].地理研究,2001(2):129-138.

[75]廖国强.云南少数民族刀耕火种农业中的生态文化[J].广西民族研究,2001(2):76-80.

[76]刘超,许月卿,刘焱序,等.基于系统论的土地利用多功能分类及评价指标体系研究[J].北京大学学报(自然科学版),2018,54(1):181-188.

[77]卢俊培,曾庆波.海南岛尖峰岭半落叶季雨林"刀耕火种"生态后果的初步观测[J].植物生态与地植物学丛刊,1981,5(4):271-280.

[78]罗湘华,倪晋仁.土地利用/土地覆盖变化研究进展[J].应用基础与工程科学学报,2000,8(3):262-272.

[79]欧维新,张伦嘉,陶宇,等.基于土地利用变化的长三角生态系统健康时空动态研究[J].中国人口·资源与环境,2018,28(5):84-92.

[80]庞效民.区域一体化的理论概念及其发展[J].地理科学进展,1997,16(2):41-49.

[81]沙丽清,邓继武,谢克金,等.西双版纳次生林火烧前后土壤养分变化的研究[J].植物生态学报,1998,22(6):513-517.

[82]孙桂芬,覃先林,刘树超,等.典型植被指数识别火烧迹地潜力分析[J].国土资源遥感2019,31(1):204-211.

[83]施济普,唐建维,张光明,等.西双版纳刀耕火种轮歇地植物群落生物量的初步研究[J].生态学杂志,2001,20(5):12-15.

[84]唐建维,张建侯,宋启示,等.西双版纳热带次生林生物量的初步研究[J].植物生态学报,1998,22(6):489-498.

[85]杨效东,唐勇,唐建维.热带次生林刀耕火种过程中土壤节肢动物群落结构及多样性的变化[J].生物多样性,2001,9(3):222-227.

[86]陶志红.城市土地集约利用几个基本问题的探讨[J].中国土地科学,2000,14(5):1-5.

[87]许建初.从社区林业的观点探讨西双版纳刀耕火种农业生态系统的演化[J].生态学杂志,2000,19(6):46-50.

[88]张联敏,曾觉民,叶辉.橡胶林与西双版纳刀耕火种探索[J].西南林学院学报,2001,21(4):216-219.

[89]张萍.刀耕火种对土壤微生物和土壤肥力的影响[J].生态学杂志,1996,15(3):64-67.

[90]张晓玲.可持续发展理论:概念演变、维度与展望[J].中国科学院院刊,2018,33(1):10-19.

[91]赵文武,刘月,冯强,等.人地系统耦合框架下的生态系统服务[J].地理科学进展,2018,37(1):139-151.

[92]郑新奇,李宁,孙凯.土地利用总体规划实施评价类型及方法[J].中国土地科学,2006,20(1):21-26.